Eva Berberich

Der Teufel steckt im Bild

Eva Berberich

Der Teufel steckt im Bild

Rombach Verlag

Die Deutsche Bibliothek – CIP-Einheitsaufnahme

Berberich, Eva:
Der Teufel steckt im Bild / Eva Berberich.
– 1. Aufl. – Freiburg im Breisgau : Rombach, 2001
(Rombach Regionalia)
ISBN 3-7930-9285-2

Die Drucklegung wurde großzügig gefördert
durch die

SPARKASSE
FREIBURG - NÖRDLICHER BREISGAU
die Bank · das Vertrauen · der Erfolg

Lektorin: Dr. Edelgard Spaude
Umschlaggestaltung: Barbara Müller-Wiesinger & Ulrike Höllwarth
Typographie und Repro: post scriptum, Freiburg im Breisgau
Herstellung: Stiehler Druck & media GmbH, Denzlingen
Printed in Germany
ISBN 3-7930-9285-2

INHALT

Ein paar Meter über ihr hockten an der Wand des Münsters zwei gute alte Bekannte und glotzten und grinsten auf sie herunter. Sandsteinrot und wunderbar hässlich. Aus ihren Mäulern troff Wasser, wenn es gerade regnete und nicht, wie jetzt, die Sonne auf das Kopfsteinpflaster herunterknallte.

„Bist du's, Lisa?" schrie der eine.
„Wieder eine Rote mit Zwiebeln?" der andere.
Lisa schüttelte den Kopf. „Diesmal mit Currysoße. Schön scharf."
Vati schüttelte auch. „Hast du doch gerade gehabt. Eine reicht! Auf zum Olivenmann!"
„Geh du mal voraus", sagte Lisa. „Ich komm gleich nach."
Als er weg war, rief sie hinauf: „Gibt's neue Wörter?"
„Klar!" schrien beide. „Saumäßige Wörter. Willst mal hören?"
Lisa wollte hören.

„Stinkratz!" schrie der erste und ließ einen Furz.
„Muckenschnäpper!" brüllte der zweite und rülpste.
„Lotterkerl!" der Furzer.

„Plattnas!" der Rülpser.
Und dann ging es immer schneller, ganz ohne Pause. Lisa fand kaum Zeit, den Kopf von einem zum andern zu drehen.

„Höllenhund!"

„Drecksluder!"

„Schweinigel!"

„Mistlümmel!"

„Rotzlöffel!"

„Güllesäufer!"

„Kotzbrocken!"

„Liiiiiisaaaaaa!“ Das war kein wasser- und schimpfwörterspuckender Steinkerl, das war Vati. In der Hand hielt er eine Tüte, in die er immer wieder hineinlangte.

„Du riechst nach Knoblauch!“ sagte Lisa. „Gib mir auch eine!“

Sie sperrte den Mund auf wie ein Vogel. Vati ließ eine schwarze glänzende Olive hineinfallen. Über ihren Köpfen tobte es weiter:

10

„Knofelmuffel!“
„Wurstmampfer!“
„Olivenfresser!“
„Currybeißer!“

„Du meine Güte, stehst da wie angewachsen, Lisa. Machst ein Gesicht, wie wenn du weiß Gott was hören würdest.“

Man muss ja nicht jedem auf die Nase binden, was man so alles hört, dachte Lisa. Besonders Vati nicht. Und ob der liebe Gott weiß, was die zwei Kerle über mir für Wörter kennen, na ja.

Das ZWEITE KAPITEL ist wirklich zum Heulen!

Gegen Abend ging Lisa noch einmal über den Marktplatz. Der war jetzt aber ein Platz ohne Markt, ohne Verkaufsstände, Tische und Sonnenschirme. Die Leute spazierten herum, führten ihre tollen neuen Kleider vor und die Ringe, die sie in Ohren, Nasen und sonstwo trugen, schwatzten und fotografierten, was ihnen vor die Linse kam. Sie saßen neben roten Oleanderbüschen und hellblau blühenden Bleiwurzbäumen, tranken Kaffee oder Bier, aßen Schwarzwälder Kirschtorte und Spaghetti-Eis, was besonders teuer war, weil man den Anblick des Münsters mitbezahlen durfte; auch saure Leberle und Kartoffelpüree, Maultaschen mit geschmälzten Zwiebeln sowie Ripple mit Sauerkraut waren begehrt.

Lisa nickte den beiden Wasserspeiern zu, die ihr am Morgen diese großartigen Wörter beigebracht hatten, rief: „Ich hab's eilig, muss noch schnell Brezeln holen, tschüss!" hinauf und machte, dass sie weiterkam. Weit kam sie nicht, denn –

„Da heult wer", sagte sie und blieb stehen. Sah aber keinen Heuler. Es war ein sehr seltsames Heulen. Lisa heulte nie so. Eine Mischung aus Schniefen, Schluchzen, Grunzen, Japsen, Keuchen und Jaulen. Ein richtiger Katzenjammer. Und ihr war, als höre nur sie allein diese Töne. Doch sie hörte und sah ja oft Dinge, die gewöhnliche Augen und Ohren nicht zu hören und zu sehen kriegten. Warum? Es kam natürlich daher, dass Lisas linker großer Zeh etwas dicker war als der rechte, und daher, dass auf ihrer Nase sieben Sommersprossen prangten – vier rechts, drei links. Nun gibt es sicher noch mehr Leute, die das von sich behaupten können. Doch bei Lisa kam dazu, dass sie außerdem an einem Donnerstag um halb elf Uhr morgens geboren worden war, als gerade eine weiße Wolke in Gestalt eines besonders langohrigen Hasen über dem Krankenhaus stand. Das wusste Lisa von ihrer Patentante, die den Hasen damals persönlich gesehen hatte.

Obwohl Lisa nun schon fast neun war, bekam sie immer noch mehr mit als ihre Freunde. Dass sie so viel mitbekam, bekamen aber die andern nicht mit. Und Lisa hütete sich, es auszuposaunen. Geheimnisse, die man an die große Glocke hängt, sind nämlich keine mehr. Und mit einem Geheimnis ist das Leben viel aufregender. Eben geheimnisvoller.

Das Heulen wurde lauter. Lisa stand jetzt vor dem Hauptportal an der Westseite des Münsters. Das ist da, wo die Sonne untergeht. Aber zu sehen gab es nichts. Seit Lisa denken konnte, war das Portal von außen mit Gittern zugestellt und mit Brettern vernagelt, weil immer etwas erneuert wurde und weil Handwerker es nicht besonders mögen, wenn Leute ihnen vor den Füßen herumstolpern und knipsen wollen.

Das Heulen – vielmehr der Heuler – dachte nicht dran, aufzuhören. Im Gegenteil. Lisa lief kurz entschlossen ums Münster herum, gelangte durch den südlichen Eingang ins Kircheninnere und rannte unter den schiefen Blicken der Heiligen rechts und links, die ein würdevolleres Benehmen erwarteten, aber von den Touristen einiges gewohnt waren, zum Hauptportal.

Viel konnte sie nicht sehen. Dann gewöhnten ihre Augen sich an das dämmrige Licht.

KUNST
AM OBERRHEIN

Zu beiden Seiten des Portals gab es Steinbänke, an der Wand dahinter eine Reihe von Säulen, über den Säulen Bögen und über den Bögen viele große Figuren, aber die interessierten Lisa weniger. Die standen nur mehr oder weniger fromm herum und heulten nicht. Das Heulen kam ganz deutlich aus dem nach oben spitz zulaufenden Bogenfeld über dem Portal. Darin wimmelte es von kleinen Steinfiguren, die halb aus der Wand herausragten. Lisa wusste, es waren Szenen aus der Bibel, die Künstler vor ein paar hundert Jahren geschaffen hatten, denn damals konnten die wenigsten Leute lesen. Hier brauchten sie nur zu schauen, dann wussten sie Bescheid und hatten hinterher ein steifes Genick vom Gucken und meist auch ein schlechtes Gewissen.

Um Lisa herum lagen große und kleine Steinbrocken und Bretter, auch eine kleine Trittleiter stand da, die so leicht war, dass Lisa sie ohne Mühe dorthin ziehen konnte, wo das Heulen herkam. Sie kletterte hinauf und, damit sie alles noch besser sehen konnte, fiel freundlicherweise durch ein Loch in der Brettertür ein Strahl der Abendsonne auf eine seltsame Szene:

Ein Engel hielt in der Hand eine Waage. In der einen Schale saß ein kleines Kind, aus der andern linste ein Teufel heraus. Die Schale mit dem Kind war schwerer. Und neben diesem Waagenengel stand ein Teufel. Der rang verzweifelt die Hände und heulte zum Erbarmen. Es schüttelte ihn richtig.

Lisa sah ihm so lange beim Heulen zu, bis sie es nicht mehr aushalten konnte. „He, du!"

Der Teufel hielt inne. „Bin kein ‚he du!'" schniefte er. „Bin ein Teufel."

„Seh ich doch gleich", sagte Lisa. „Warum heulst du?"

„Weil mir so ist", sagte der Teufel.

„Wie ist dir denn?"

„Zum Heulen!" Und er legte wieder los.

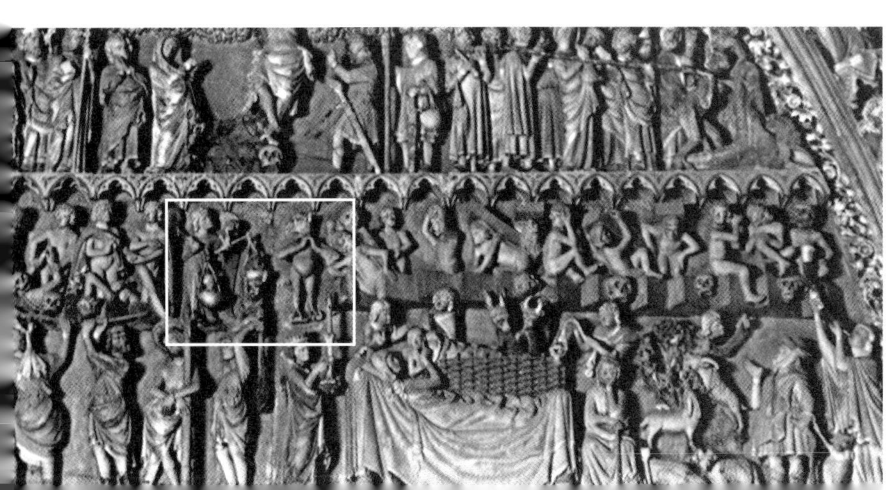

„Gestern hab ich auch geheult“, sagte Lisa mitfühlend. „Siebzehn Fehler im Diktat, weißt du.“

„Sauber!“ sagte der Teufel und wischte sich mit der Hand – nein, Pfote – nein, Klaue – über die Nase.

„Aber warum ist dir zum Heulen?“

„Sag ich nit.“

„Warum nicht?“

„Weil ich mich genier.“

„Ich verrat's keinem“, gelobte Lisa.

Der Teufel schüttelte den zotteligen Kopf. „Ist mein teuflisch Geheimnis.“

„Ich hab auch eins“, sagte Lisa. „Aber ich verrat's dir: als ich geboren worden bin, ist nämlich ein Has über den Himmel geflogen.“

Der Teufel riss, des Himmelshasen wegen, zuerst das Maul auf – er hatte ein gewaltiges! –, dann legte er die Klaue darauf.

„Ich sag nix!“ hörte Lisa ihn grummeln. „Trotz Has.“

„Ich verrat's bestimmt keinem!“ wiederholte Lisa. „Nur Jockel. Das ist mein Bär, der ist so faul, dass er den Mund nie aufmacht.“

„Schwör's!“ befahl der Teufel.

„Bei wem soll ich schwören?“

„Musst sagen: Verrat ich's jemand, dann hol mich der Teufel. Und meinen Faulbär auch.“

Lisa sah ihn misstrauisch an. „Du?"

„Warum nit?" fragte er, und es schien ihr, als grinse er nun sogar ein bisschen.

Lieber doch nicht, dachte sie. „Heißt du irgendwie?" wollte sie wissen.

„Vitzliputz. Warum lachst? Das ist nit zum Lachen." Schon wieder liefen ihm Tränen über die Backen.

„Ich mein's nicht bös, Vitzliputz. Ich bin die Lisa. Und neun bin ich auch. Fast."

„Macht nix", sagte er zwischen zwei Schluchzern. „Ich bin sechshundert. Mindestens. Hoppla!" Er stank. Und wie er stank!

„Du bist ein Ferkel. Das gehört sich nicht, dass man stinkt", sagte Lisa.

„Als Teufel schon." Er stank gleich nochmal.

Lisa hörte eine Glocke schlagen. „Schon sechs!" rief sie. „Der Bäcker macht gleich zu. Morgen komm ich wieder. Dann hab ich nämlich Ferien, weißt du. Heulst du dann immer noch?"

„Weiß nit", sagte er. „Vielleicht. Mal gucken." Und schniefte.

Lisa konnte nicht einschlafen, weil sie immer an den kleinen Heul- und Stinkteufel denken musste. Ich krieg's schon noch raus, warum du heulst, dachte sie. Morgen. Und sie beschloss, möglichst schnell zu schlafen, damit der nächste Tag bald kommen konnte.

In KAPITEL DREI

erfährt Lisa einiges über Seelen, Engel, Teufel und Bilder

Am letzten Schultag hatte Lisa schon um elf Uhr aus. Aber sie dachte nicht daran, heimzugehen. Am Bertoldsbrunnen stieg sie aus der Straßenbahn und rannte zum nahen Münsterplatz. Wieder gelangte sie durch das Südportal ins Münster hinein und stand bald vor dem Westportal.

Der Teufel rang immer noch die Hände, er heulte immer noch, aber stumm. Nur für die Augen.

„He!“ flüsterte Lisa ihm zu. „Ich bin's!“

Keine Antwort.

„Heul doch lauter!“

Nichts. Lisa war tief enttäuscht. Ein Japaner stand auf einmal neben ihr, lächelte zuerst sie an, dann das Portal, dann drückte er auf den Auslöser seines Fotoapparats.

„Der dort oben ist Vitzliputz“, erklärte Lisa. „Von Beruf Teufel. Er heult. Weil ihm zum Heulen ist, wissen Sie.“

Der Japaner lächelte artig den Teufel an und machte ihm eine kleine Verbeugung.

„Gibt's bei Ihnen daheim auch Teufel?“

Er nickte und lächelte.

„Heulen die auch manchmal? Auf japanisch?“

Er lächelte und nickte.

Lisa legte den Finger auf den Mund. „Es ist aber ein teuflisches Geheimnis“, flüsterte sie in das japanische Ohr. „Sie dürfen es keinem sagen. Nicht mal in Japan. Sonst geniert er sich.“

Auch der kleine Mann legte den Finger auf den Mund, verbeugte sich vor Lisa und verschwand.

„Warum bist du nicht mehr da, Vitzliputz?“ flüsterte Lisa.

Nichts.

„Wo steckst du denn?“

Nichts. Und abermals nichts.

„Gemein!“ knurrte Lisa, und „Sauteufel!“ Dann zog sie traurig und wütend zugleich ab.

„Frisches Peterle!“ rief die Marktfrau ganz in Lisas Nähe. „Peterle, ganz frisch! Schöne Setzling! Beschte Qualität! Willscht du was, Kind?“

Lisa nickte zögernd.

„Glockeäpfel? Berlepsch? Boskopp? Alle unggschpritzt. Was suchscht du denn?“

„Vitzliputz“, sagte Lisa.

Die Marktfrau schüttelte den Kopf. „Des Gmüs kenn i net. Isch des was Neus?“

„Nein“, sagte Lisa. „Mindestens sechshundert Jahr alt.“

„Mir hen nur frische War“, rief die Frau. „Traube, ausm Markgräferland? Italienische Tomate hätt i au.“

„Er stinkt“, sagte Lisa.

Die Markfrau guckte beleidigt. „Hier schtinkt nix. Alles erschte Qualität.“ Sie wandte sich einer Frau mit Einkaufskorb zu. „Fünfzig Pfennig des Bund Peterle! Frisch ausm Garte!“

Dann sah Lisa ihn. Er hockte auf dem Brunnen vor dem Hauptportal, das heißt, ganz oben auf dem Kopf der heiligen Brunnenfigur, und schielte einer kugelrunden Bauersfrau in den Ausschnitt.

„Vitzliputz! Komm runter!“
„Hab keine Lust.“ Er winkte ihr zu.
Lisa fing an zu singen:

„Isch en Teufel ins Wasser g’falle,
hab ihn höre plumpse,
wär er net hineingefalle,
wär er net ertrunke …“

Er drehte ihr eine lange Nase. „Ich sitz gut.“ Und streckte einem Mann, der den Brunnen knipste und vielleicht der Japaner von vorhin war, vielleicht aber auch ein anderer Japaner, die Zunge heraus.

„Aber warum bist du nicht in dir drin? Ich mein, über der Tür, wie gestern? Warum heulst du nicht?“

„Ist mir zu langweilig. Mag nit immer da hocken und plärren. Bin aus mir rausgefahren und abgehauen. Das merkt kein Schwein. Schön luftig hier. Kann alles sehn, aber keiner sieht mich.“ Er machte einen Kopfstand auf dem heiligen Kopf.

„Doch, ich“, rief Lisa. „Der Georg unter dir hat mal einen Drachen getötet. Pass bloß auf! Sonst murkst er dich auch ab. Auf Heilige setzt man sich nicht drauf.“

„Gleich geht’s noch höher nauf“, schrie Vitzliputz übermütig zurück. „Siehst die drei hohen Säulen vorm Portal?“

„Hopp!" – er sprang auf den Kopf des Bischofs Lambertus – „und hopp!" – dann hinüber auf den Ritter Alexander – „und hopp!" – jetzt hockte er in der Mitte, ganz oben auf der Madonna. Wie ein Aff. Die Madonna lächelte. „Komm mit!" schrie er.

„Wohin denn?" rief Lisa.

„Auf den Turm."

„Bis hinauf zur Spitze?"

„Nit ganz. Bloß bis zur großen Uhr. Wer am ersten droben ist, hat gewonnen."

Sind ja nur eine Million Stufen, sagte sich Lisa, nahm die Beine untern Arm und rannte zur inneren Wendeltreppe, während Vitzliputz mit atemberaubender, nein, mit teuflischer Geschwindigkeit die Außenwand des Münsters hinaufkraxelte.

„Bin schon da!" schrie Vitzliputz, als Lisa, nach Luft schnappend, auf die Plattform über der riesigen Uhr trat. Er turnte auf dem Geländer herum und grinste. Lisa setzte sich auf den Boden, zog die Schuhe aus, rieb ihre Zehen und schaute um sich.

Sie war nicht zum ersten Mal hier oben. Aber sie fand es immer wieder toll: das, was um sie herum war, und den Blick nach unten.

Überall sah sie Strebepfeiler, die das Münster zusammenhielten, dass es nicht auseinanderbrach. Sie sah zierliche Türmchen, Fialen hießen sie, gekrönt von Kreuzblumen. Da gab es diese seltsamen knubbligen Verzierungen – Krabben genannt – die die kleinen Steindächer, die Wimperge schmückten, unter denen Heiligenfiguren standen. Einige Meter über ihnen schauten aus ihren Nischen vier bärtige Herrn griesgrämig auf die beiden hinunter.

„Die gucken aber sauer", fand Lisa.

Vitzliputz grinste. „Die Propheten sind's. Die gucken immer so. Weil sie in die Zukunft sehen. Und die gefällt ihnen meistens nit. Schau lieber nunter!"

Lisa betrachtete hingerissen das Gewimmel unten auf dem Marktplatz.

„Guck, Vitzliputz! Dort ist der Rosen-Bär aus Friesenheim. Und dort der Kräutermann aus Burkheim, bei dem Mutti immer Tsatsiki kauft und Frühstückstee und Ringelblumensalbe – am Brunnen spielt einer Gitarre und hängt die Füß ins Wasser.“

Der Wind wehte eine Melodie herauf.

„Der Mann dort verkauft blaue Töpfe mit weißen Tupfen – und das ist die Lavendelfrau neben dem Olivenmann, aus dem Elsass kommt der – und da sind schon wieder Japaner, jeder hat einen Fotoapparat – die knipsen ja alles weg. Hm, das riecht – nach Würstchen – und nach Blumen – und nach Knoblauch – und süß wie nach Honig.“ Sie schnupperte. „Nach dir riecht es auch, Vitzliputz!“

Der guckte weg.

„Was machen wir jetzt?“

Vitzliputz ruckelte und zuckelte hin und her. „Kratz mich!“ bat er. „Mich juckt's! Da wo ich herkomm, kribbelt's und krabbelt's. Kuhfliegen. Ameisen. Grillen und Heuschreck. Mücken und Wespen und Läus und Flöh. Das wuselt und hupft und stupft.“

„Wo ist das, wo du herkommst?“ fragte Lisa neugierig.

Vitzliputz machte wilde Augen. „Aus der Höll. Gleich geht's los!“

„Was?“

Er sah hinunter auf den Platz. Dann über sich in den Turm. „Hosanna.“

„Wer ist Hosanna?“ fragte Lisa. „Auch ein Teufel?“

Vitzliputz strahlte. „Meine Freundin ist die. Ist großmächtig dick und rund. Wiegt sechzig Zentner.“

„So jemand Dickes kenn ich nicht“, sagte Lisa neidisch. „Nur meine Oma, aber die sagt, sie sei nur vollschlank.“

„Hosanna ist ein altes Weib. Die gibt's seit 1258, da hat man sie gegossen“, erklärte Vitzliputz. „Immer freitags um elf hat sie früher ihre Stimm hören lassen. Dann haben die Weiber in der Stadt drunten ihre Spätzle geschabt. Drum nennt man sie auch ‚Spätzlesglock‘.“

„Meine Mutti schabt nicht“, sagte Lisa. „Die kauft die Spätzle.“

Vitzliputz war ganz aufgeregt. „Jetzt gibt's eine Hochzeit. Dann freut Hosanna sich schrecklich. Dann legt sie los und läutet, was sie kann. Das ganze Münster wird wackeln. Ich setz mich drauf.“

„Auf Hosanna?“ fragte Lisa.

„Quatsch. Auf ihre Läuterei. Auf die Tön. Schön laut sind die. Und ich schaukel gern laut. Weißt, Lisa, früher war's arg lustig hier oben auf dem Turm. Hab oft mit den Münsterbläsern gesoffen. Und mit ihren Weibern getanzt.“

„Gesoffen?“ fragte Lisa, „getanzt?“

Er nickte. „Die haben hier oben gehaust, das ganze Jahr. In der alten Turmstub hinter dir. Mussten aufpassen, ob's irgendwo kokelt und brennt in der Stadt. Und gebrannt hat's oft. Von hier sieht man alles. Wenn sie blau waren, haben sie vergessen, ins Horn zu stoßen. Dazu waren sie ja da. Und dann“ – er patschte sich auf die Schenkel – „dann kamen sie ins Loch.“

Das fand Lisa nun nicht besonders nett. Auch, wie er sie ansah. „Warum guckst du so, Vitzliputz?"

Er guckte noch mehr. „Bin scharf auf dich, Lisa."

„Auf mich? Wieso?"

„Worauf sind wir Teufel am meisten aus? Weißt das?" Er ließ die Augen rollen.

Lisa dämmerte es. Ja, sie wusste, worauf Teufel aus sind. „Aber meine Seele kriegst du nicht, Vitzliputz. Das sag ich dir gleich."

Er machte ein Bettelgesicht. „'S tut überhaupt nit weh!"

Lisa war empört. „Jetzt weiß ich, warum du mich hier auf den Turm gelockt hast. Damit ich nicht abhauen kann mit meiner Seele. Richtig fies ist das."

In diesem Augenblick fing die dicke Hosanna an zu läuten. War das ein Ton! Immer lauter, dröhnender. Vitzliputz' Augen glühten. „'S geht mir durch und durch. Ich muss –".

Er sauste durch die Luft wie Tarzan im Urwald. „Juhuuuuu!" hörte Lisa ihn schreien. „Herrlich! Wunderbar! Einfach saumäßig! Mir fährt's durch Mark und Bein – durch Hörner und Schwanz – und hin – und her – und nauf – und nunter –"

Dann saß er wieder neben ihr. „Kriegst auch was dafür, Lisa. Was du magst. Willst rückwärts denken? Schöne farbige Träum träumen? Willst hören, was die dicken Walfisch singen? Was die Maulwürf erzählen und tief im Boden verbuddeln?"

Lisa glaubte nicht, dass sie das wollte. „Und in der Dreisam schwimmen auch nur ganz wenige Walfisch", sagte sie.

„Gib mir deine Seel!" bat er und hatte schon wieder Tränen in den Augen. „Sonst hacken alle auf mir rum. Und er lacht mich wieder aus."

„Wer lacht dich aus, Vitzliputz?"

„Der Michael. Der mit der Waag. Hast ihn nit gesehen? Drunten vor der großen Tür?"

„Ja, den hab ich gesehen. Und die zwei in der Waage auch. Ein Kind und ein Teufel. Das Kind ist schwerer. Wahrscheinlich ist es zu dick. Warum grinst du so?"

„In der Waag liegt die Seel", erklärte Vitzliputz. „Das Kind ist ihr guter Teil, der Teufel ihr böser. Der Michael wiegt die Seel. Dann sieht man, was für ein Mensch das gewesen."

„Aber warum hast du geheult, Vitzliputz?"

Er druckste herum. „Ich sag's dir, Lisa. Die Seel, die grad in seiner Waag sitzt, die hab ich gefangen. Hab sie hergeschleppt. Bin ganz stolz gewesen. Und was macht die? Hat mich beschissen. War eine böse Seel. Und schlau. In der letzten Sekund, bevor sie auf die Waag hat müssen, reißt sie's Maul auf und singt ganz schnell ein frommes Lied. Ein ganz langes. Elf Strophen. Als das Lied zu End ist, fängt sie nochmal von vorn an, die Seel, der Saubär, der elendige. Und alle haben mitsingen müssen." Er knirschte mit den Zähnen. „Ich auch."

„Was denn?" fragte Lisa, die das sehr lustig fand.

Vitzliputz krächzte: „Meerstern ich dich grüße, o Maria hilf! Das Kind in der Waag macht sich schwer, die geht nunter, und ich guck in den Mond. Alle haben mich ausgelacht. Besonders der Michel, der Aff."

Lisa lachte auch. „Das hätt ich gern gehört, wie ihr alle miteinander singt. Weißt du was? Eigentlich bist du ein sehr netter Teufel, Vitzliputz. Der netteste, den ich kenn."

„Ich kenn auch keinen nettern", sagte er und grinste geschmeichelt.

Und dann, nach einer kleinen Pause: „Bin aber nit immer ein Teufel gewesen. War auch mal Engel. Lang ist's her. Im Jahr vierzehnhundertnochwas. Ich war ganz grün."

„Grün?" Lisa sah ihn ungläubig an.

„Ganz arg schön grün." Vitzliputz machte ein verklärtes Gesicht. „Hab die Gambe gespielt. Die großmächtige Geig. Und dann hat er mich gemalt."

Lisa verstand überhaupt nichts.

„Meister Nithart hat er geheißen", erklärte Vitzliputz stolz. „Die meisten nennen ihn Grünewald. Ist ein hochberühmter Maler gewesen. Hat ein wunderschönes Bild gemalt. Ein Weihnachtsbild mit einem Engelskonzert. Fürs Kind in der Kripp. Hab ihm über die Schulter gelinst beim Malen und hab große Lust gekriegt, auch mitzumachen. Bin einfach in den Engel geschlupft, den mit der Gambe und dem grünen Gesicht, dem er grad die Flügel gar herrlich gemalt. Hab mit den andern Engeln im Bild drauflosmusiziert und gesungen aus voller Kehl. Eine richtige Engelsmusik." Und Vitzliputz krächzte mit leuchtenden Augen: „Ubi sunt gau-dia-ha-ha-"

„Ja, das kenn ich!“ rief Lisa. „Aber wenn du in seinem Bild drinsteckst, dann kann man dich ja sehen. Als Engel.“

Er nickte stolz. „Ja, kannst mich sehen. Drüben in Colmar. Im Elsässer Land.“

„Vati fährt manchmal dorthin. Er kauft Käs und Wein.“

„'S gibt dort auch ein Haus, wo die Bilder wohnen. Unter den Linden. Da ist's. Ein wunderbars Bild. Eine liebliche Musik haben wir gemacht. Mit Lauten, Geigen, Kythern, Harphen, Posaunen, Schwengel, Krumbhörnern, Zwerchpfeiffen und Schalmeien, dass ich gedacht hab, ich bin im Himmel. Obwohl ich ein Teufel bin.“

Lisa lachte. „Du redest manchmal so komisch, Vitzliputz. Ich versteh schon, was du sagst, aber es klingt irgendwie – gar nicht heutig klingt das.“

„Weißt, so hat man hier geredet vor ein paar hundert Jahr“, erklärte Vitzliputz. „Manchmal red ich selber auch so, wenn ich dran denk, an die alten Zeiten. Und wenn wir mitnander schwätzen, drunten im Münster.“

„Mit wem schwätzt du denn da, Vitzliputz?“

„Mit all denen, die in der Vorhall herumstehen, wo ich auch bin, und der Michel mit seiner Waag.“

„Da sind lauter Heilige“, sagte Lisa. „Die hab ich gesehen. Was pfeifst du denn für ein Lied, Vitzliputz?“

„Ich sing's dir vor.“ Und Vitzliputz krächzte:

„Barbara mit dem Turm,
Margareta mit dem Wurm,
Katharina mit dem Radl,
das sind unsre drei heiligen Madl. Das hören sie nämlich gern. Dann sind sie gebauchpinselt.“

„Hat die Margarete Würmer?“ fragte Lisa interessiert.

„Der Wurm ist ein Drach, hihi. Ein Lindwurm, wie man's auch nennt. Der ist was Böses. Dem hat sie widerstanden. Leider. Am liebsten mag ich die Kleine im Bocksfell. Die splitternackige Hex gegenüber von der Margarete.“

„Ist die auch heilig?“ fragte Lisa.

„Nit so arg. Mit der halt ich oft einen Schwatz. Wir erzählen uns Witz. Alte und neue. Sie krault mir den Buckel, knackt mir die Flöh. Oder wir schmusen miteinander.“

Auf einmal erklang ein Ton. Und noch einer. Eine ganze Reihe von Tönen fügte sich zu einer schönen Melodie, die kam von weiter oben.

Lisa blickte hinauf. „Den kenn ich", rief sie. „Das ist der Posaunenengel. Den hab ich letzte Woche meiner Oma geschickt. Auf einer Postkarte. Warum grinst du denn?"

„Ein toller Teufel ist der gewesen."

„Versteh ich nicht."

„'S ist so, Lisa: Keiner von uns ist stets derselbe. 'S geht immer hin und her. Ein jeder Engel ist auch mal Teufel. Und umgekehrt. Mal haben wir Flügel, mal Hörner. Wegen der Gerechtigkeit. 'S ist bei euch Menschen nit anders. Jeder hat was von einem Engel in sich drin und was von einem Teufel."

„Aber nicht hintereinander wie bei euch", sagte Lisa.

„Der hier mit der Posaun" – er nickte dem musikalischen Engel zu – „ist sogar ein Oberteufel gewesen. In einem gewaltigen Bild an der Nordwand vom Hohen Münster in Breisach."

„Hat den auch dieser grüne Meister gemalt?"

„Ein anderer war's. Schongauer heißt der. Schongauer Martin. Der hat ihn gar künstlich gemalt, mit zwei bösen Fratzengesichtern."

Lisa staunte. „Wieso zwei?"

„Eins oben und eins auf dem Hintern. Der haut auf die armen Seelen drauf und prügelt sie hinein ins höllische Feuer. Sehr lustig." Er kicherte und kratzte sich ausgiebig.

Lisa seufzte aus Herzensgrund.

„Was jammerst, Lisa?" fragte Vitzliputz.

„Ich möcht auch gern mal was anderes sein", sagte sie sehnsüchtig. „Du hast's gut. Du warst zwischendurch wenigstens mal ein Engel. Ich bin immer nur Lisa."

„Bin nit nur Teufel und nit nur Engel gewesen", sagte Vitzliputz selbstbewusst. „Noch viel mehr war ich." Er streckte die Klaue aus und zählte an den spitzen Krallen auf: „War auch mal ein Heiligerdreikönig, weiß aber nit mehr, der welche. Und ein Kriegsknecht mit einer Hellebarden – das ist ein langer Spieß. Bin als ein kleins Kind untern Schutzmantel unserer lieben Frau geschlupft an einem Pfeiler am Westturm. Und einmal war ich ein Esel, mit schön langen Ohren."

Lisa war beeindruckt. „Aber wie hast du das angestellt?"

Er machte ein pfiffiges Gesicht. „Hast noch nie gehört, dass man sagt, in den oder in die sei der Teufel gefahren?"

„Aber das sagt man doch, wenn einer was Schlimmes tut."

„Ich tu nix Schlimmes. Hab's gemacht wie damals bei Meister Grünewald. Bin einfach in so ein Bild hineingeschlupft. Oder auch in eine Figur aus Stein oder aus Holz. Hab großen Spaß dran gekriegt. Hab mich umgeguckt hier im Land, den Künstlern über die Schulter gelinst, was sie machen. Den alten und den neuen. Mit Pinsel und Farb, mit Holz und Stein und vielerlei Zeug. Hat's mir gefallen – hopp! – war ich drin. Im Bild, in der Figur. Wollt wissen, wie's ist als Heiligerdreikönig. Oder als Esel. Oder als eine wunderschöne Farb. Hat's mir gereicht, bin ich wieder ausgezogen. War wieder ein Teufel. Oder bin flugs in ein anderes hinein."

„Du kommst aber ganz schön herum!" sagte Lisa neidisch. „Ich würd dich furchbar gern mal sehen, Vitzliputz. Als Esel oder als eine schöne Farb oder als sonstwas."

Er saß auf einmal ganz aufrecht. „Was hast gesagt?"
„Dass ich dich gern sehen tät. In so einem Bild."
Seine Augen begannen zu funkeln.
„Furchtbar schrecklich wahnsinnig gern", sagte Lisa.
Nun zitterte sogar sein Schwanz. „Kommst mit?"
Lisa nickte. „Aber wohin?"
„Wo die Bilder hangen, die Figuren rumstehn."
„Ins Museum?" fragte Lisa.
„Ja, so heißt's." Er war ganz aufgeregt. „Dann zeig ich dir mich. In vielerlei Gestalt. Juhuuuuuuu!" Er schlug einen Purzelbaum auf dem Geländer, rutschte ab – Lisa schrie auf – und landete huckepack auf einem der Wasserspeier weiter unten, der empört wie ein Ferkel quiekte, und kraxelte vergnügt wieder nach oben.

„Toll!" sagte Lisa begeistert. „Das machen wir. Gleich morgen gehen wir da hin."
„Gehen? Meinst, mit den Füßen?" fragte Vitzliputz erschrocken. „Ich nit."
„Fauler Teufel!" sagte Lisa.

Vitzliputz verzog schmerzlich das Gesicht. „Kann nit laufen, oh, oh! Hab mir's Bein verrenkt, hab mir den Huf angehauen. Hab einen von den Kerlen in den Hintern getreten, die dir immer die neuen Wörter zuschreien. Weil er mich ‚Teufelsfurz' geheißen."
„Bist du ja auch", sagte Lisa. Doch weil er so guckte, bekam sie Mitleid. „Dann steck ich dich halt in meinen Rucksack und trag dich."
Das gefiel Vitzliputz schon besser.
„Aber jetzt will ich heim. Mutti backt Pfannkuchen."
Vitzliputz' Augen wurden riesengroß.
„Mit Zwetschgenmus."
Vitzliputz schluckte.
„Davon ess ich immer soviel, dass ich fast platz."
„Ich platz nie fast", sagte Vitzliputz düster. „Weil ich ein armer, pfannkuchenloser, zwetschgenloser Teufel bin."
Lisa klopfte auf sein Bäuchlein. „Du hast aber trotzdem einen ganz schönen Ranzen. Ich bring dir einen mit", versprach sie, nahm die Schuhe in die Hand und machte sich auf die Socken. Hinunter ging es viel schneller als hinauf. Auf dem Münsterplatz blieb sie stehen, legte den

Kopf in den Nacken und suchte Vitzliputz. Der schaukelte gerade am großen Zeiger der Turmuhr herum.

Lisa lief noch schnell zu ihren Wasserspeierfreunden und fragte nach den neuesten Schimpfwörtern.

„Mistgabelkratzer!"
„Sauschwanz!"
„Krummhorn!"
„Scheißteufel!"
„Höllenarsch!"
„Großkotz!"
„Lausebalg!"
„Flohbeutel!"
„Rotzlöffel!"
„Maulaff!

„Sehr fein!" sagte Lisa und bedankte sich herzlich. Dann fingen die Glocken an zu läuten. Mittag war's.

KAPITEL VIER

Was will der Bär im Museum?

„Ich geh ins Museum", verkündete Lisa, nachdem sie den vorletzten Pfannkuchen verputzt hatte.

„Wohin gehst du?" fragten ihre Eltern wie aus einem Mund.

„Ins Museum."

„Warum denn?" wollte Vati wissen.

„Ihr seid vielleicht doof. Gucken."

„Was willst du denn dort gucken?" fragte der Elternchor.

„Bilder mit was drauf", sagte Lisa und schleckte den Muslöffel ab. „Oder andere Sachen halt."

„Was für Sachen, Lisa?"

„Sachen, die einer gemacht hat. Ein Dings."

„Ein Dings?"

„Ein Kunstmacher. Wo man auch Künstler dazu sagt."

„Aha!" sagte Vati. „Na, sowas! Dann geh ich halt mit dir mal dorthin. Vielleicht nächste Woche. In Gottes Namen. Was gibt's da zu kichern?"

Lisa konnte ihm ja nicht verraten, dass sie kicherte, weil er ‚in Gottes Namen' gesagt hatte. Wo Vitzliputz doch ein Teufel war!

„Nein, morgen", erklärte sie. „Und ich geh allein hin. Gucken kann ich selber."

„Guck mal einer an!“ sagte Vati, und Mutti: „Lass sie doch! Ich bin froh, wenn sie sich ohne uns beschäftigen kann. Sie hat schließlich Ferien. Die geht nicht so schnell verloren. Und im Museum klaut sie bestimmt keiner.“

„Ich nehm Jockel mit“, sagte Lisa.

„Den Bär? In deinem Alter?“

„Jockel ist immer noch mein Bär, auch wenn ich schon bald neun bin. Er hat gesagt, er will auch mal ins Museum, Bilder gucken. Der kommt in meinen Rucksack, weil er so dick ist und nicht gut laufen kann.“

„Bären“, sagte Vati, „lassen die dort nicht hinein.“

„Warum nicht?“ fragte Lisa kampflustig.

„Weil – keine Ahnung. Weißt du es, Brigitte?“

Mutti wusste es auch nicht. Aber dann meinte sie, eigentlich gebe es keinen Grund, warum ein Bär nicht ins Museum dürfe, wenn er Lust dazu habe.

„Kostet das was?“ fragte Lisa.

„Das Eintrittsgeld spendiert Vati. Für kleine Leute gibt's bestimmt Ermäßigung. In welches willst du denn, Schatz?“

„Ins Museum halt“, erklärte Lisa.

„Es gibt mindestens zwei.“

„Jockel hat nicht gesagt, in welches.“

„Dann frag ihn doch.“

„Mach ich. Den letzten Pfannkuchen bring ich ihm mit.“

Noch am gleichen Abend rannte Lisa zum Münster. Vitzliputz stand auf dem Rittergeorgbrunnenrand und pinkelte ins Wasserbecken.

„Vitzliputz“, sagte Lisa, „du bist eine Wuzz, und es gibt zwei Museümer. Oder Museums. Mindestens. Und einen Pfannkuchen. Magst du?“

Er fraß ihn ihr aus der Hand. Dann schleckte er sich das Maul.

„Wo bist du drin?“

„Hihi! In allen zweien.“

„Aber wo sind die?“ fragte Lisa.

„'S gibt ein altes Haus und ein neues. Im alten Haus steht das alte Zeug herum, da hängen die alten Bilder an der Wand. Die Sachen im neuen Haus sind noch fast frisch.“

„Aus deutschen Landen frisch auf den Tisch!“ schmetterte Lisa. Sie kannte eine Menge solcher Sprüche.

„Frisch an die Wand“, schrie Vitzliputz vergnügt. „Ich könnt noch so einen Pfannkuchen –“

„Nix mehr da. Erzähl was vom alten Haus.“

„Das alte Haus war mal ein Kloster mit Mönchen drin, die haben alle August geheißen, unten einen dicken Bauch gehabt und oben eine Glatz.“

„Alle zusammen?“ fragte Lisa beeindruckt.

„Jeder einen Bauch und eine Glatz für sich.“

„Das ist das Augustinermuseum“, sagte Lisa. „Aber die haben bestimmt nicht alle August geheißen, Vitzliputz. Das weiß ich von meiner Tante, die hat es mir mal gezeigt. Und das andere Museum?“

„Ist auf der Insel. Nit weit vom Münster. War früher eine Schul für junge Weibsleut.“

„Das find ich schon“, sagte Lisa. „Morgen geht’s los, Vitzliputz!“

KAPITEL FÜNF

Ab in die Höll!

Am nächsten Mittag gegen drei Uhr saß Lisa auf dem Rand des Georgsbrunnens vor dem Münster und redete mit ihrer Wurst.

„Eine komische Wurst bist du", sagte sie. „Wirst ja immer kleiner. Obwohl ich erst zweimal in dich hineingebissen hab."

Dann hörte sie was. „Wer schmatzt denn da?"

„Ich nit."

Dann spürte sie was. „Wer kitzelt mich?"

„Ich nit. Schmeckt saumäßig fein!"

„Vitzliputz! Ich seh dich gar nicht."

„Und jetzt?"

Vitzliputz wurde sichtbar. Stück für Stück. Aber nur für Lisa. Die andern, die unbesonderen Leute, die ohne einen Has am Himmel geboren worden waren, sahen durch ihn glatt hindurch. Für die war er Luft.

„Ein Hörnchen seh ich. Und deine Augen. Und jetzt auch die Ohren. Und jetzt – jetzt bist du ganz da."

„Und die Wurst ist ganz weg." Vitzliputz schnappte nochmal zu und rieb sich den Bauch. „Etwas Warmes braucht der Teufel! Aber am meisten braucht er eine Seel. Krieg ich deine?"

Er hängte den Schwanz ins Wasser, und als der schön nass war, wirbelte er ihn herum, dass es nur so spritzte. Die Blumen ringsum freuten sich, die Marktleute sahen zum Himmel und suchten die Regenwolken, aber es waren keine da, weshalb sie sich am Kinn kratzten und es einfach nicht glaubten.

Lisa schüttelte energisch den Kopf. „Willst du nicht lieber noch eine Bratwurst statt meiner Seele? Ich weiß nämlich, was mit den Seelen passiert, die der Teufel holt."

„So? Was denn?"

„Der schleppt sie in die Hölle. Dort fallen alle Teufel über sie her, reißen ihnen die Haare aus, stecken sie an einen Spieß, und dann kommen sie auf den Grill, was ihnen mordsmäßig gefällt. Den Teufeln, mein ich."

„Hihi! Willst mal einen Blick tun in die Höll, Lisa?"

„Ist das gefährlich?" fragte sie misstrauisch.

„Nit, wenn ich dabei bin. Ich pass auf dich auf. Hihi! Wie der Teufel auf die arme Seel."

„Aber heut wollen wir doch ins Museum."

„Dort ist sie ja, die Höll. Im alten August." So nannte Vitzliputz das Augustinermuseum.

„Für dich muss ich keinen Eintritt zahlen", sagte Lisa. „Dich sieht ja keiner. Nur ich."

„Aber laufen tu ich nit." Er verzog jämmerlich das Gesicht. „Mein Huf tut so weh! O jemineh!"

„Ich trag dich." Lisa stellte ihren Rucksack auf den Boden.

„Da hockt ja schon einer drin!“ sagte Vitzliputz vorwurfsvoll.

„Mein Bär“, sagte Lisa. „Im Museum sag ich, dass der auch Bilder gucken will. Sonst komm ich mit dem Rucksack nicht hinein, weil man alles an der Kasse abgeben muss.“

Vitzliputz betrachtete Lisas Bär misstrauisch. „Ist der wild?“

„Schon“, sagte Lisa. „Aber nur, wenn er wach ist. Und wach ist er fast nie. Das kommt daher, dass er fast immer schläft. Der tut dir nix. Und er schnarcht nur ein bisschen.“

„Hau Rucksack!“ schrie der Teufel begeistert, sprang – seinen verrenkten Huf vergessend – mit einem Satz hinein und machte es sich neben Jockel darin bequem. Nur sein schwarzer Kopf mit den Hörnern – den außer Lisa niemand sehen konnte – guckte zusammen mit dem Bärenkopf heraus.

Und so machten die beiden sich auf den Weg in die Höll im alten August.

Weit war's ja nicht bis zum Museum. Lisa lief durch die enge Kaufhausgasse, die vom Münsterplatz ausging, und stand nach fünf Minuten vor dem alten hohen Haus.

Schon sank ihr das Herz in die Hose. Da sollte sie nun hineingehen, ganz allein, ohne Vati, ohne Mutti! Nur mit sich, einem Teufel und einem Bären. Wo sie doch noch nie in einem Museum gewesen war.

„Musst dich nit fürchten, Lisa", schrie Vitzliputz hinter ihr im Rucksack. „'S wird dich schon keiner beißen. Und wenn einer beißen will, beiß ich zuerst." Er fletschte die spitzen Zähne. „Da vorn hat der Zimmermann 's Loch gemacht" – er meinte die Tür – „da gehst jetzt hinein."

Lisa gab sich einen Ruck und marschierte durch die offene Tür zur Kasse. „Ich hätt gern eine Karte für mich", sagte sie. „Und eine für Jockel."

„Wer ist Jockel?“

„Mein Bär.“ Lisa deutete hinter sich, wo ein runder brauner Bärenkopf verschlafen aus dem Rucksack guckte. „Einmal Kinder- und einmal Bärenermäßigung, bitte!“

Die Frau an der Kasse wusste nicht recht. „Kinder dürfen umsonst hinein“, sagte sie. „Aber dein Bär – tut mir leid, ich darf nur Menschen hineinlassen. Du musst allein –“

„Nicht ohne meinen Bär!“ sagte Lisa mit nichtzitternder Stimme. „Er kann nicht laufen, weil er jemand in den Hin – weil er daheim die Hintertreppe hinuntergefallen ist. Er hat einen Bärenhunger auf Bilder.“

Die Frau wiegte bedenklich den Kopf. „Aber wenn er sie nun frisst, was machen wir dann?“

Lisa drehte sich um, flüsterte etwas in Jockels Ohr und erklärte: „Er hat gesagt, das mit dem Fressen meint er nicht so. Er frisst lieber Honig und tut den Bildern nix. Nur gucken will er.“

Das überzeugte die Frau. „Na schön, dann drück ich ein Auge zu. Bären verirren sich ja selten hierher. Wenn dann schon mal einer was für Kunst übrig hat, darf er auch umsonst hinein. Um fünf machen wir zu. Wie heißt du denn?“

„Ich bin die Lisa“, sagte Lisa.

„Und ich der Vitzliputz“, schrie Vitzliputz. „Bezahlen tu ich auch nix.“

Doch das hörte die Frau nicht. „Was willst du denn gern sehen?“ fragte sie.

„Ich will in die Höll“, erklärte Lisa.

„Höllen haben wir mehrere. Die schönste hängt dort im Kreuzgang. Ist gar nicht weit.“

Aber Vitzliputz dachte nicht daran, gleich da zu sein. Er ließ Lisa erst einige Male durch den Kreuzgang traben, dessen hohe spitzbogige Fenster schön mit Blättern und Ranken bemalt waren. Hinter den Fenstern lag ein kleiner Garten, der von vier gewaltigen Heiligen aus Stein bewacht wurde. An den Wänden waren überall Bilder und besonders viele Figuren, die früher einmal an der Fassade des Münsters gestanden hatten, als es noch keinen sauren Regen und keine Umweltverschmutzung gab. Nun war das Kloster ihre neue Heimat, und auf ihrem alten Platz am Münster standen neue Figuren, die ihnen aber aufs Tüpfelchen glichen.

„Wie oft muss ich noch durch den Gang rennen?“ fragte Lisa und schnappte nach Luft.

„Halt!“ Vitzliputz boxte sie in den Rücken. „Hier bleibst stehn!“

Wie es beim jüngsten Gericht zugeht,
erfahren wir im
SECHSTEN KAPITEL

Lisa schaute sich um. „Niemand hier, Vitzliputz“, stellte sie zufrieden fest. „Dann hört auch keiner, was wir reden.“

„Und wenn einer da wär“, schrie der, „wär er au nit lang da. Kenn ein feines Mittel.“ Er deutete auf das große hohe Bild vor ihnen, das aus zwei nebeneinander hängenden, seltsam geformten Tafeln bestand. „Hier ist’s!“

„Warum schmatzt du denn so, Vitzliputz?“

„Hihi! Hab ein Gutsel gefunden. Ganz schwarz und ganz süß.“

„Das ist Bärendreck. Für Jockel. Raus mit dir!“

„Ist keiner mehr. Hab ihn gefressen. Hat nix gemerkt, dein Bär. Der pennt.“ Mit einem Satz sprang er aus dem Rucksack, doch dann fiel ihm sein weher Huf ein. Er humpelte jämmerlich hin und her und baute sich schließlich neben Lisa auf.

Lisa legte den Kopf ein bisschen nach links – Vitzliputz machte es ihr nach – und betrachtete das Gemälde aufmerksam.

„Was da alles drauf ist!“ staunte sie. „Alles voll von Leuten. Die oberen haben was an, die unten sind fast alle nackig.“

„Nackig und bloß, kein Hemd und kein Hos“, krähte Vitzliputz vergnügt, trotz wehem Huf.

„Bei den Frauen sieht man den Busen“, stellte Lisa fest. „Aber was unten ist, sieht man nicht. Das verstecken sie hinter der Hand, oder einer steht davor.“

„Tun sich geniern, tun sich was ziern“, quäkte Vitzliputz. Er musste halt zu allem seinen Senf geben.

„Die linken Nackigen freuen sich, das sieht man an den Gesichtern“, sagte Lisa. „Aber sie sehen alle so ähnlich aus. Alle haben lange Haare, die Männer und die Frauen. Und alle sind dünn und zart. Niemand hat einen Dickbauch. Waren die Menschen früher so?“

Vitzliputz kicherte.
„Sahen aus wie die Leut
von heut.
Ein dicken Bauch
hatten die auch.
Hatten Warzen auf der Nas.
Hatten Pickel im Gesicht.
Und dies und das
hatten die früheren Leut
wie die Leut
von heut."

Und dann sagte er: „Aber die Maler haben sie lieber so gemalt, wie du's hier siehst: dünn und zart und fein. Weil's ihnen so gefallen hat. 'S ist zu jeder Zeit anders:

Mal dick und mal mager,
mal fett und mal hager."

Lisa bewunderte ihn. „Du kannst aber toll dichten. Ein Dichterteufel bist du. Oder ein Teufelsdichter."

Vitzliputz wurde rot vor Freude. Er war schon lang nicht mehr für seine Dichterei gelobt worden; die Freunde im und ums Münster herum kannten seine Sprüche ja auch schon seit einer Ewigkeit. Die klappten die Ohren zu, wenn er damit anfing. Am gemeinsten war der König David, der an der Außenseite des Münsters an einem der Strebepfeiler seinen Platz hatte. Der fing immer gleich an, auf seiner Harfe herumzuklimpern, wenn Vitzliputz auch nur das Maul aufmachte.

Lisa legte den Kopf ein bisschen nach rechts – Vitzliputz ebenso – und guckte weiter: „Da stehen auch Engel herum. Und ein alter Mann begrüßt die Menschen, der ist sehr vornehm. Hat eine Krone auf dem Kopf und ein feines Kleid mit einer Schleppe und einen Riesenschlüssel in der Hand."

„'S ist der Petrus", erklärte Vitzliputz. „Der schließt die Himmelstür auf. Ja, der ist ein vornehmer Herr geworden. Und war doch mal ein Fischer und ging ohne Strümpf und Schuh und hat nie ein Taschentuch g'habt zum Hineinschneuzen."

Lisa kratzte sich am Knie. Vitzliputz ebenfalls.

„Aha!“ sagte sie, „Dann sind das die Guten, die stehen vor dem Himmel Schlange. Auf Wolken. Wie ich.“

Sie schlüpfte aus ihrem Schuh, zog die Einlegsohle heraus und zeigte sie Vitzliputz. „Da steht's drauf: ‚Auf Wolken gehen‘. Und über ihnen sitzen welche mit einem goldenen Heiligenschein, auch auf Wolken. Die sind bestimmt schon länger da und ganz himmlisch. Sag mal“ – sie legte den Finger an die Nase, und sofort machte Vitzliputz es nach – „warum haben die Heiligen und die Engel Kleider an und die Menschen nicht?“

Er grinste. „Heilige Leut laufen nit nackig herum. 'S gehört sich nit, dass man ein heiliges Bein sieht oder einen heiligen Arm oder Bauch oder einen heiligen Hintern.“

„Wegen dem lieben Gott?“ fragte Lisa.

Vitzliputz schüttelte den Kopf. „Der ist nit so pingelig. Die Menschen sagen's.“ Dann zog er Lisa am Hosenbein. „Jetzt hast genug langweilige heilige Leut gesehn. Guck mal dorthin!“ Er schien mehr für das rechte Bild übrig zu haben.

„Toll!“ sagte Lisa. „Da ist vielleicht was los!“

Dieses Bild war ja viel interessanter als das erste.

„Sieht aber wüst aus, die Gegend. Richtig ungemütlich. Und erst die Teufel! Dagegen bist du ja eine Schönheit. Die Menschen wollen abhauen, sie schreien und fürchten sich. Ich hör sie jammern.“

„Was du da siehst, ist das Jüngste Gericht“, erklärte Vitzliputz. „Hüb und drüb. Kannst auch sagen: das Letzte.“

„Ich weiß. Das kommt, wenn die Welt kaputt geht. Nur die Uriella, wenn du die kennst“ – Vitzliputz grinste, ja, die kannte er – „also die geht nicht kaputt, weil der liebe Gott ihr ein UFO schickt, und dann ist sie gerettet, hat sie gestern im Fernsehen gesagt.“

Vitzliputz rieb sich die Hände. „Auf der ihre Seel freuen wir uns schon lang“, sagte er. „Die wird gerupft.“

„Den Guten geht's gut, den Bösen schlecht. Das weiß ich von unserem Pfarrer. Der ist nämlich mehr für das Gute und so.“

Vitzliputz kicherte. „Straf ist schön. Straf muss sein.“

„Sagt das der liebe Gott?“ fragte Lisa.

Vitzliputz schüttelte wie vorhin den Kopf. „Der nit. Das sagt nur der Mensch. Und besonders schön ist die Straf in der Höll. Sagt der Mensch auch. Hör zu, Lisa!“

Mit einem Satz sprang Vitzliputz in das Höllenbild hinein, hockte sich auf den höchsten Berg neben den kleinen Teufel, der gerade einen Menschen packte, und krächzte voll Inbrunst:

„Also wird die Seel des Verdammten immerdar brennen und immer mehr Pein fühlen. Und muss nicht allein in Wehe und Klag des ewigen Feuers sitzen, sondern auch Schand, Spott und Hohn tragen – wegen ihrem Übermut, Stolz, Hochmut, Vermessenheit, Fressen, Saufen, Hurerei, und ihr gottlos Wesen – und die Höll ist eine Höll des Todes, ein Hitz des Feuers, eine Finsternus der Erden, ein Vergessung alles Guten. Sie hat Marter und Wehe, und ewig unerlöschlich Feuer, eine Wohnung aller höllischen Drachen, Würmer und Ungeziefer, ein Stank von Wasser, Schwefel und Pech. Da wird Rufen zu Gott sein mit Wehe, Zittern und Zagen, Gilffen, Schreien, mit Schmerzen und Trübsal – und die Verdammten werden klagen mit weinenden Augen, Knirschen der Zähne, Stank der Nasn, Erschreckung der Ohren, Zittern der Händ und Füß – und sie haben zu hoffen auf kein Ziel oder Zeit."

Lisa hatte nicht alles verstanden, nur, dass es etwas ziemlich Unangenehmes, nein, etwas ganz Schreckliches sein musste. Und was sie bei den Wörtern nicht verstanden hatte, das konnte sie mit eigenen Augen auf dem Bild sehen.

„War ich gut?" fragte Vitzliputz.

„Hör bloß auf!" sagte Lisa. „Mir reicht's!"

Schon stand er wieder neben ihr. „Musst nit Angst haben, Lisa", sagte er treuherzig. „So ist's ja nit. Nur auf dem Bild. Und so steht's geschrieben in der Geschicht vom Dr. Johann Fausten. Dem weitbeschrienen Zauberer und Schwarzkünstler."

Den kannte Lisa. „Der hat in Staufen gelebt, ganz in der Nähe von Freiburg, Vitzliputz. Wie meine Oma. Den hat dort der Teufel geholt und ihm den Kopf auf den Rücken gedreht, was gar nicht gut ausgesehen hat." Sie schauderte.

„Alles halb so wild", sagte Vitzliputz tröstend. „'S ist ja nur ein Bild. So geht's nit zu beim Jüngsten Gericht."

„Nicht?" Lisa war erleichtert. „Aber was passiert dann mit den Seelen der Verdammten, wenn sie nicht in die Hölle müssen?"

„'S gibt keine Verdammten, Lisa. Die Seelen, die wir fangen, werden nur gewogen. Vom Michel."

„Weiß ich. Und dann?"

„Was sie am meisten sind, wiegt am schwersten. Bös oder gut. Dann schickt man sie auf die Reis, die Seelen."

Lisa verstand nicht. „Was für eine Reise?"

„Die einen links rum, die andern rechts rum."

„Wo rum?" fragte Lisa.

„Um die Ewigkeit rum. Hihi!"

„Find ich aber nicht gut", sagte Lisa empört. „Wenn einer was Schlimmes getan hat, und er war ein elender Saubär und ein Verbrecher, dann muss er doch auch büßen dafür. Nur um die Ewigkeit rumrennen ist doch keine Strafe."

„Kann eine schlimme Straf sein, Lisa. Die Seelen wandeln getrennte Weg. Und sehen, was sie glauben. Jeder weiß tief in sich drin, was er gewesen ist. Den einen – der ein böser Mensch war – beißen die Höllenhund, weil er sich in der Höll glaubt. Dem kann's geschehen, dass ihn Teufel plagen, wie du's hier siehst. Dem geht's schlecht, g'schieht ihm recht. Der andere – der gut war – meint sich im Himmel, sieht die Engel und hört himmlische Chör. Ist ihre Reis vollbracht, sind sie angekommen am selbigen Ort. Dann ist Ruh und Fried und Amen. Für alle."

Lisa atmete auf. „Aber warum bist du dann so wild auf Seelen?"

Vitzliputz machte ein unschuldiges Gesicht. „Ist bloß ein Spiel. Wie ‚Mensch ärger dich nit'. Nur dass wir es mitnander spielen, Engel und Teufel. Macht saumäßig Spaß. Wir jagen uns die Seelen ab mit großem Fleiß. Wer am meisten fangt, gewinnt. Wir tun ihnen nix. Schleppen sie nur auf die Waag."

„Das hat der Pfarrer aber nicht erzählt in Religion", erklärte Lisa. „Das muss man dem mal sagen. Und weiß das der Bischof von Freiburg? Das ist ein besserer Bischof, mit einem Erz vorne dran."

Vitzliputz glaubte nicht, dass Pfarrer und Bischof in dieser Sache genau informiert seien. Und auch bei den Teufeln gebe es einen ‚Erz', und bei den Engeln. Mit einem ‚Erz' sei nie gut Kirschen essen.

„Aber warum malen die Maler solche schrecklichen Lügenbilder?" wollte Lisa wissen.

„Die lügen nit. Die glauben's ja selber und malen, was die Pfarrer und Bischöf und der Papst sagen. Und die sagen's, damit die Menschen ihnen gehorchen. Aus Angst vor der Straf und der Höll. Früher war's so. Heut glauben die Leut nit mehr an die Höll. Der liebe Gott, Lisa, hat kein Freud an der Straf und Quälerei. Nur die Menschen."

Lisa deutete auf eine Szene, in der ein Höllengeist über eine arme Seele herfiel. „Ich glaub, dem Maler hat das Spaß gemacht. Weil er ganz genau zeigt, was die Teufel mit den Leuten anstellen. Und wie die aussehen, diese Teufel! Schau mal den, Vitzliputz, ganz links. Der ist ein halbes Tier und ein halber Mensch. Ein Fell hat er und Hörner, und der Teufel daneben hat einen Schnabel. Hinten sind ganz kleine Teufel, auf den Bergen. Und zwischendrin seh ich immer wieder einen Teufelskopf zwischen den Menschenköpfen. Der ganz rechts hält die Hände über die Augen, damit er nicht sehen muss, was alles passiert."

„'S ist ein Papst", sagte Vitzliputz genüsslich. „Von denen hat manch einer die Höll verdient, in der er gelandet. Wenn's auch nur in einem Bild ist."

„Und am andern Rand hält eine Teufel einer Frau einen Spiegel vors Gesicht. Warum?"

„Früher hat man geglaubt, zu oft in den Spiegel schauen wär eine schwere Sünd. Die Sünd der Eitelkeit. Und eitle Leut fahren zur Höll."

„Meine Mutti guckt immer in die Schaufenster, wenn sie vor einem Geschäft steht", sagte Lisa. „Und dann zieht sie den Bauch ein. Was da alles rumliegt auf dem Boden: Spielkarten und ein Brett zum Spielen mit Steinen. Wenn man für all das in die Höll kommen tät, Vitzliputz, dann wär die aber voll. Und über ihnen sind auch Heilige. Auf den Wolken. Kennst du die alle?"

„Die Apostel sind's."

Lisa zählte sie. „Links sechs, rechts fünf. Einer fehlt. Es müssen nämlich zwölf sein."

„Der zwölft ist der Judas. Den lässt der Maler nit in den Himmel."

„Die Heiligen und die Apostel schauen hinauf. Und vor ihnen sind auch Engel, die haben was in der Hand. Der eine ein Kreuz, der andere ein langes Ding."

„Eine Säul", sagt Vitzliputz. „Wo Er – weißt, wen ich mein? Wo Er dran gebunden und geschlagen worden ist."

Lisa wusste, wen er meinte. „Jesus. Und ganz oben ist ein Bändel, da steht was drauf, aber das kann ich nicht lesen."

„Da steht, dass die einen gesegnet sind und die andern verflucht", sagte Vitzliputz. „Unsern Herrn hat er auch gemalt, der Maler. Aber der Teil vom Bild, wo der drauf ist, den siehst nit, Lisa. Ist verschollen. Doch man weiß recht wohl, wie er ausgesehen hat. 'S gibt ein anders Bild, ein gezeichnetes, in der Stadt Basel, das ist dem hier genau gleich. Da fehlt nix. Da siehst Ihn als obersten Richter, darunter die zwei Engel, und unten siehst dasselbe wie hier." Und Vitzliputz sang aus vollem Hals:

„Die Guten in Himmel
Die Bösen in d' Höll.
In Himmel geht's langsam,
zur Höll da geht's schnöll."

Dann guckte er Lisas erwartungsvoll an. „Und jetzt kommt das Allerwichtigste, Lisa. Jetzt komm ich. Wo bin ich hineingefahren?"

Lisa lachte. „Ist doch klar. In einen von den Teufeln."

Er schüttelte den Kopf und deutete auf die linke Tafel.

„Aber das sind doch die Frommen! Bist du ein Engel?"

„Hihi! Bin kein Engel nit."

„Der Petrus?"

„Hoho! Bin nit der Petrus."

„Ein Heiliger? Ein Apostel?"

Vitzliputz verzog das Gesicht. „Huhu!"

„Der weiter hinten mit der Fahne?"

„Hähä! Ich schlepp doch keine Fahn!"

„Dann weiß ich's nicht, Vitzliputz."

Er richtete sich stolz auf. „Bin der Kaiser, Lisa."

Lisa betrachtete das Bild kritisch. „Ich seh keinen."

„Ein Kaiser trägt eine Kron."

Ja, jetzt sah sie ihn. „Neben dem Petrus. Und das bist du? Du hast ja auch nix an. Ich hab noch nie einen nackigen Kaiser mit Krone gesehen", sagte Lisa vergnügt. „Wir haben ja bloß so einen Bundeskanzler, aber der läuft nicht nackig rum. Schad! Hast du eine Nase! Wie heißt du denn als Kaiser?"

„Maximilian", sagte Vitzliputz würdevoll. „Und so eine Nas haben sie alle in seiner Familie gehabt. 'S war die kaiserliche Familiennas."

Das kannte Lisa. „Bei uns haben viele einen Leberfleck auf dem Po, auf der rechten Backe, das ist unser Familienfleck." Sie zog die Hose ein bisschen herunter und zeigte Vitzliputz den Fleck. Der fand ihn sehr interessant. „Aber warum hat der Maler den Kaiser nackig gemalt?"

„Die Leut sollten sehen: Auch der schaut von vorn und von hinten aus wie sie."

„Aber wenn der Maler ihn nun in die Höll gesteckt hätt?"

„Das hätt er sich nit getraut", sagte Vitzliputz. „Mit einem Kaiser verscherzt man sich's nit gern."

„Wenn ich ein Bild mal“, sagte Lisa, „schreib ich immer ‚Lisa‘ darunter. Aber auf dem hier steht nichts.“

„’S haben mehr als einer dran rumgemalt. Ist ja ein riesiges Bild. Aber der, der mich gemacht hat, war der Beste. Und gemalt worden ist das Bild ums Jahr tausendfünfhundert. In der Stadt Ulm, die lag am Donaufluss.“

„Da liegt sie immer noch“, sagte Lisa. „Wie war’s denn in dem Kaiser drin, Vitzliputz?“

„War gar nit so leicht hineinzufahren. Der Maximilian hat nit wollen, dass ich in ihn schlupf. Ich bin der Kaiser, hat er gesagt. Ich bleib.“

„Und was hast du gesagt?“ fragte Lisa.

„Ich bin der Vitzliputz, ein berühmter Teufel.

Er: Aber ich trag eine Kron.

Ich: Und ich Hörner. Zwei Stück.

Er: Ich hab in einem Schloss gewohnt, hab prächtige Kleider angehabt.

Ich: Jetzt bist nackig. Ich wohn im Münster zu Freiburg.

Er: Freiburg? Da bin ich einmal gewesen. Eine schöne Stadt. Mit so hübschen Mädchen.

Ich: Weißt was, Herr Kaiser? Ich bleib hier, und du schaust dich für eine kleine Weil in der Stadt um und den hübschen Weibsleuten nach. Sagst der kleinen Hex in der Vorhall vom Münster einen Gruß. Die ist grad so nackig wie du.“

„Und dann?“ fragte Lisa.

„Ist er aus sich herausgefahren, und ich in ihn hinein.“

Vitzliputz verdrehte die Augen. „Hab’s aber nit lang in ihm ausgehalten. Der Flügel von dem Engel vor mir – siehst ihn? – hat mich im Knie gekitzelt. Hab immer lachen müssen. Und die Kron hat mich gedrückt. Und der neben dem Petrus hat Lunte gerochen. Hat rumgeschnuppert und gesagt, hier tät’s teuflisch riechen, und mich ganz schief angeschaut.“

„Ja“, sagte Lisa, „der ahnt was. So, wie der guckt.“

„Und der Petrus hat gesagt, ich soll ihm gefälligst nit auf die Schlepp treten und die Händ schön ordentlich falten. Hab mich nit wohl gefühlt unter all den Heiligen und Guten. Bin bald wieder ausgefahren.“

„Und der Maximilian?“

„Ist stracks zum Münster gerannt. Wie der mit der kleinen Hex herumschäkert, schnappt ihn sich der Michael und ruft: ‚Auf die Waag!‘ Aber er hat sich nit wiegen lassen wollen, er jammert, er sei doch schon im Himmel. Das sei ihm wurscht, sagt der Michael und will ihn – Kaiser hin, Kaiser her – am Schlafittchen packen, da kann er ihm grad noch entwischen.“

Nun, da Lisa wusste, dass der liebe Gott und die Kirche verschiedener Meinung waren, was die Hölle und ihre Strafen angeht, war sie beruhigt. Ist ja nur ein Bild, dachte sie. Und Vitzliputz hat gesagt, dass der liebe Gott nicht besonders rachsüchtig sei.

„So", sagte Vitzliputz, „jetzt hast gesehen, Lisa, was die früheren Leut geglaubt haben vom Jüngsten Gericht. Und wie sie's gemalt haben. Und hast mich als nackigen Kaiser von hinten gesehen."

„Als Teufel gefällt du mir aber besser", sagte Lisa.

„Ich mir auch", sagte Vitzliputz. „Willst die selbig Geschicht noch mal sehen, brauchst nur zu schauen, was im Münster über mir ist. Im Bogen über der Tür. Dort ist's in Stein gehauen." Er gähnte. „Jetzt langt's! Hau Rucksack!" Und schon saß er drin.

Auch Lisa hatte genug von all den guten und bösen Seelen. Außerdem war es schon fast fünf, und –

„Jetzt macht das Museum zu, und die Bilder gehn zur Ruh", sagte sie. „Gut, was, Vitzliputz? Ich kann ja auch dichten."

„Hat euch beiden die Höll gefallen?" fragte die Frau an der Kasse, als Lisa vorbeirannte.

Die nickte. „Jetzt weiß ich, wie es beim Jüngsten Gericht ist", sagte sie stolz.

„So? Wie denn?"

„Wie im Aschenputtel", erklärte Lisa. „Die Guten kommen ins Kröpfchen, die Schlechten ins Töpfchen. Das Töpfchen ist die Höll."

„Danke, jetzt weiß ich's auch", sagte die Frau. „Schau, auf dem Bild hier" – sie griff in den Ständer, auf dem viele Kunstkarten waren – „ist drauf, was du gesehen hast. Die Hölle ist zwar viel kleiner, aber immerhin. Ich schenk sie dir. Und komm mal wieder! Dein Bär auch!"

„Mach ich!" rief Lisa ihr zu, sauste die Treppe hinunter und kaufte für Vitzliputz und sich noch schnell eine Seele. Eine schwäbische Seele: langes Weckle, Schinken drauf und mit Käs überbacken.

KAPITEL SIEBEN

Ein furchtbär wilder Bilderbär

Vitzliputz zulieb hatte Lisa eine Brezel gekauft. „Du bist der verfressenste Teufel, den ich kenn", sagte sie und brach die dünnen knusprigen Brezelenden heraus. Auf die war er nämlich ganz scharf.

„He, du, pass auf!" Das galt der Taube, die ihr zwischen den Füßen herumlief und die Krumen aufpickte.

„Wenn ich ein Vogel wär", sagte Lisa, „dann würd ich nicht zu Fuß gehen wie die da. Fliegen würd ich."

Neben der Bank, auf der Lisa saß, stand in einem großen Kübel ein blühender Oleanderbaum, unter dem Vitzliputz es sich bequem gemacht hatte und genüsslich die dicken Salzkörner mit den Zähnen zerknirschte. „Ich auch", sagte er, und seine kohlrabenschwarzen Augen veränderten auf einmal ihre Farbe.

„Du hast ja ganz blitzblaue Augen, Vitzliputz", stellte Lisa neidisch fest. „Wie machst du das bloß?"

„Hab dran gedacht, wie ich mal geflogen bin", sagte er. „Schön war's!"

Lisa sah ihn erstaunt an. „Was? Du kannst fliegen?"
„Ich zeig's dir! Hau Rucksack!"
„Willst du im Rucksack fliegen?"
Er grinste. „Musst mich im Rucksack tragen, Lisa. Zum Fliegebild. Ins neue Haus."
Lisa öffnete ihren Rucksack, und schon saß er neben dem Bären. Der wachte nicht einmal auf. Vitzliputz ruckelte sich zurecht. Von Lisa im Rucksack durch die Stadt getragen zu werden machte ihm teuflisch Spaß. Er drehte den Leuten lange Nasen, winkte den steinernen Figuren zu, mit denen viele der alten Häuser geschmückt waren, und die winkten zurück. Vitzliputz war nun mal eine stadtbekannte Freiburger Persönlichkeit.

„Sieht wirklich wie eine Schule aus", stellte Lisa fest, als sie vor dem neuen Haus auf der alten Insel standen. „Und ganz oben steht's sogar."

„Da hinein!“ schrie Vitzliputz, „jetzt weißt ja, wie's geht!“

Ja, das wusste Lisa. Fast kam sie sich vor wie eine alte Museumsbesucherin. „Kostet es was?“ fragte sie den Mann an der Kasse ganz lässig, „oder dürfen wir so rein, wie im alten Au – wie im Augustinermuseum.“

„Na, sowas! Was wollt ihr beiden denn im Museum, Kleine?“ fragte der Mann und schaute auf sie hinunter.

„Sagst: Erst schlag ich ein paar Purzelbäum, dann geh ich an der glatten Wand hoch und scheiß drauf!“ flüsterte Vitzliputz ihr ins Ohr.

Lisa musste kichern. Der Mann sah sie erstaunt an. „So lustig sind die Bilder hier aber nicht. Die sind nämlich modern.“

„Macht nix!“ rief Lisa, „lustig sind wir selber.“

Er kratzte sich am Kinn. „Rein darf er schon, aber nicht zu den Bildern. Bei Bären weiß man nie. Der muss bei mir warten, bis du wiederkommst. Her mit dem Bär!“ Der Mann streckte die Hand aus.

„Nein“, rief Lisa, „der bleibt im Rucksack, weil er ein böses Bein hat. Und weil er die Bilder auch sehen will.“

„Na, ich weiß nicht recht –“

„Er will sie furchtbär gern sehen, hat er gesagt. Ganz wild ist er auf Bilder. Im alten August – ich mein, im alten Museum hat er auch reingedurft, weil die Frau ganz begeistert von ihm war.“

„Ja, dann“, sagte der Mann, „bleibt mir nichts übrig, als auch begeistert zu sein. Kinder mit furchtbär wilden Bilderbären lassen wir so rein. War schon lang kein Bär mehr da.“

„Dankeschön!“ sagte Lisa und überließ alles weitere Vitzliputz.

Im *ACHTEN KAPITEL*

wär Lisa gern ein Vöglein

In dem Raum, in den dieser sie hineingelotst hatte, standen fünf Leute herum. Einer redete, die andern hörten ihm mit andächtigen Gesichtern zu. Der Redende deutete auf ein Bild und sagte, hier gehe es um die Bezugssysteme menschlicher Existenz. Und alle guckten ehrfürchtig. Er deutete auf ein anderes und erklärte: „Das ist eine formale Problemstellung." Und alle fanden das auch. Er zeigte auf ein drittes: „Dies ist ein organhaftes Urgebilde, dem wohnt eine Symbolik inne." Zu allem, was er sagte, nickten die vier. Wie Hühner, fand Lisa, wenn der Gockel ihnen was vorkräht.

„Die putz ich weg", flüsterte Vitzliputz.

„Wie denn?"

„Halt dir die Nas zu! Ich stink." Er machte seine Sache so gut, dass die fünf mit gerümpfter Nase und vorwurfsvollen Blicken auf Lisa flüchteten.

„Das war mein Bär!" rief sie ihnen nach.

„Auch noch das arme Tier beschuldigen", hörte sie einen schimpfen. Dann war der Saal leer.

„Prima klappt das", sagte Lisa zufrieden. „Ist ja toll, dass du immer dann stinken kannst, wenn's nötig ist." Sie stellte den Rucksack auf den Boden, ließ Vitzliputz herausklettern und schaute sich um. „Wo ist das Fliegebild?"

Vitzliputz deutete mit spitzem schwarzem Krallenfinger auf ein kleineres Gemälde und sprang, wie beim letztenmal seinen wehen Huf ganz vergessend, auf Lisas Schulter.

Die verzog enttäuscht das Gesicht. „Aber das ist ja nur blau."

„Wohin ich schau, nur blau, blau, blau", dichtete der Teufel.

„Ich hab gedacht, man sieht was. Häuser und Bäume und Menschen und Berge, über die man fliegen kann."

„Lisa kann nix sehn, drum muss sie wieder gehn", sang Vitzliputz.

Aber Lisa dachte nicht daran zu gehen. Sie schickte ihre Augen erst mal auf die Reise.

„Jetzt seh ich schon mehr", sagte sie nach einer Weile. „Ich seh nicht nur ein Blau. Das sind ja mindestens sechs. Weißt du was, Vitzliputz? Das ist eine richtige Blauerei!"

„Blauerei!" wiederholte der entzückt. „Du hast ein neus Wort gemacht, Lisa. Blauerei! Ist ja noch schöner als Sauerei!"

„Ja", sagte Lisa, „und jedes Blau ist ein bisschen anders blau. Mal heller, mal dunkler. Und ein Grau ist da. Aber sonst nix. Oder?" Sie schielte über die Schulter zu Vitzliputz.

Der grinste. „Sonst sieht sie nix", sagte er zu dem schlafenden Bären. „Wie du, Jockel."

Mit Jockel wollte Lisa aber nicht verglichen werden, weshalb sie weiterguckte.

„Jetzt seh ich noch mehr", rief sie überrascht. „Ich glaub, da ist ein Vogel. Ein großer Vogel. Den hab ich zuerst gar nicht bemerkt, weil er nicht vogelig aussieht, mit Federn und Krallen und Augen und so. Sondern ganz einfach. Aber jetzt seh ich gut, dass es ein Vogel ist. Mit ganz großen gebogenen Flügeln. Die sind ja noch größer als das Bild, sie gehen darüber hinaus. Und er hat einen kurzen Schwanz, der ist wie abgeschnitten."

„Meiner ist länger", sagte Vitzliputz. „Und hinten hat er einen Wedel. Der Vogel nit."

„Stimmt. Deiner sieht auch ganz toll aus."

Vitzliputz schaute sehr geschmeichelt drein.

„Und er ist blau", sagte Lisa.

Vitzliputz protestierte: „Nit blau, schwarz. Und rot der Wedel."

„Ich mein doch den Vogel. Ein blauer Vogel ist das. Ein Blaukehlchen. Nein, nicht nur. Ein Blauschwänzchen, Blauflügelchen, Blauschnäbelchen. Alles zusammen. Ein Blauling. Au! Was machst du denn?"

Vitzliputz hatte Lisa ein Haar ausgerupft und kitzelte damit Jockel in der Nase. Der brummelte nur und schnarchte weiter.

Immer mehr entdeckte Lisa nun. „Rot ist auch da. Aber nur ein ganz winziges Rot. Vorne am Schnabel. Und" – sie beugte sich vor, um genauer sehen zu können – „ja, in einem Flügel ist auch Rot drin. Und im Schwanz ist Braun. Aber das sieht komisch aus. Wie wenn das Rot und das Braun drunter wären, unter dem Blau, und es schimmert so ein bisschen durch. Ich glaub, der Maler hat zuerst das Rot gemalt und dann das Blau drüber. Warum, Vitzliputz?"

„Musst den blauen Vogel fragen, nur der Vogel kann's dir sagen!"

„Vogel", sagte Lisa, „warum bist du ein bisschen rot unter dem Blau?" Sie lauschte.

„Was hat er gesagt?“ wollte Vitzliputz wissen.

„Er hat gesagt – das Rot – also das Rot kommt von der Sonne. Die ist nämlich aufgegangen. Oder unter. Das weiß er nicht mehr. Aber ich weiß was, Vitzliputz: Das Rot ist das Salz im Bild.“

Vitzliputz machte ein so dummes Gesicht, dass Lisa lachen musste.

„Mutti sagt manchmal, der Suppe fehlt noch was. Ein winziges bisschen Salz. Dann ist sie erst gut. Das winzige bisschen Rot hier ist wie das Salz in der Suppe. Und jetzt seh ich noch eine Farbe. Ganz hell ist die. Gelb oder Weiß. Aber nur als dünnen Strich. Am Schwanz und da, wo das Grau aufhört. Und über dem rechten Flügel schaut auch eine helle Farbe durch.“

„Jetzt hast so viel gesehn, dass du nix mehr sehen kannst“, sagte Vitzliputz.

Aber Lisa war noch lange nicht fertig. „Grün ist auch drunter, unter dem Blau. Ja, jedes Blau ist anders. Da sind auch Striche drin, und Linien, wie Wellen sehen die aus“ – sie deutete in die linke obere Bildhälfte. „Die hat er bestimmt hineingekratzt. Mit dem Pinsel oder etwas Spitzem. Weißt du was, Vitzliputz? Ich glaub, der Vogel fliegt übers Meer.“

Der nickte.

„Übers Meer, übers Meer,
fliegt er hin,
fliegt er her,
fliegt er kreuz,
fliegt er quer.“

„Er dreht gerade eine Kurve“, stellte Lisa fest. „Er kreist über dem Wasser. Vielleicht will er hinunter? Weil er was sieht? Oder will er höher hinauf?“

„Ist er müd?
Ist er munter?
Will er nauf?
Will er runter?“ sang Vitzliputz voll Inbrunst.

„Ich glaub, er will höher, Vitzliputz. Er ist bestimmt schon sehr hoch. Das Meer ist ganz tief unter ihm. Wenn ich er wär, tät ich immer noch höher fliegen. Bis in die allerhöchste Höh. Und du?“

„Ich war er“, sagte Vitzliputz mit leuchtenden Augen.

„In den Vogel bist du hineingefahren? Erzähl mal!“

Lisa setzte sich einfach auf den Boden. Vitzliputz hockte sich vor das Bild und erzählte. Aber nicht nur mit dem Mund, sondern auch mit Händen und Füßen:

„Erst war ich über dem Wasser, Lisa –
Ganz tief –
Bin immer wieder hineingetaucht ins Wasserblau –
Dann bin ich hinauf –
Immer höher –
Ganz lang bin ich geflogen –
Fast bis zur Sonn –
Hab meine Flügel weit ausgebreitet. So!" Er streckte die Arme aus.
„Unter mir hat's gefunkelt, das Meer –
Oder war's ein See? –
Weiß nit mehr –
Geglitzert hat's –
Wie blaues Silber –
Hab die Wellen gesehn, wie sie buckeln, wie sie rollen –
Und den weißen Schaum drauf –
Alles war still –
Alles war leicht –
Alles war blau –
Und ein Wind war, ein leichter –
Hab mich hineingelegt, und er hat mich tragen –
Der Wind und meine Flügel –"

Er machte ein ganz seliges Gesicht.
„Was hast du denn gedacht, beim Fliegen?" fragte Lisa neugierig und sehnsüchtig zugleich.

„Hab gar nit gedacht –
Hab alle Gedanken unter mir lassen –
Hab zugeguckt, wie sie im Meer versunken –
wie die Wellen sie fortgetragen –
Bin nur geflogen –
Und hab gesungen –
Ein luftigs Lied hab ich gesungen –
Schön war's –
Und blau –
Und dann war ich wieder ein Teufel."

Lisa hatte die Augen nicht von dem Bild lösen können, während er erzählte.

„Ich bin richtig mitgeflogen, Vitzliputz", sagte sie. „Fast bis zur Sonne. Durch alle Blaus hindurch. Meine Haut hat sich gefreut und ganz arg geprickelt. Und der Wind hat mich gestreichelt. Jetzt weiß ich, wie das ist. Ja, schön war's. Und blau."

Und Lisa dachte, dass niemand diesem Vogel etwas zuleide tat, da oben, in seiner luftigen Höh. Dass er in Sicherheit war. Dass er keine Angst hatte. Vor gar nichts. Nicht vor dem Regen oder dem Sturm oder dem Blitz, oder vor den Menschen. Ein freier Vogel war er. Er gehörte zu allem, zum Wasser und zum Himmel, zur Luft und zum Wind. Er war nichts Besonderes, darum hatte sie ihn ja zuerst gar nicht erkennen können. Er gehörte in das Meer- und Himmelsblau hinein. Wie ein Fisch im Wasser schwimmt, so schwamm er in Himmel.

„Weißt du was, Vitzliputz?" sagte sie leise.

Er legte den Kopf schief und sah sie an.

„Es ist kein sehr großes Bild. Aber trotzdem ist es riesengroß. Weil es nicht aufhört. Über dem Rand ist auch Luft und Himmel und Meer. Immer mehr Meer ist da."

„Immer mehr Meer", wiederholte Vitzliputz. Dann sprang er in den Rucksack und schloß die Augen. „Immer mehr Meer", murmelte er noch. „Immer mehr –". Dann war er still.

Lisa verließ leise den Raum. Bestimmt träumt Vitzliputz, er sei wieder der Vogel, dachte sie.

Auch hier gab es, wie im alten August, neben der Kasse einen Ständer mit Kunstkarten, die man kaufen konnte.

„Das Bild mit dem blauen Vogel möcht ich", flüsterte Lisa.

„Bist du heiser?" fragte der Mann mitleidig, „hast dich wohl erkältet, was?"

„Hab ich nicht. Aber er schläft!" Sie deutete auf den Rucksack.

„Dein Bär? Zeig ihn mal! Ich seh ja nur seine Ohren."

„Pst!" Lisa legte den Finger auf den Mund. „Er mag nicht, wenn man ihn zeigt", sagte sie. „Dann geniert er sich ganz arg. Er ist müd, weil er so viel geguckt hat."

„Ja", sagte der Mann und lachte. „Das ist aber wirklich ein besonderer Bär, wenn der mit dir ins Museum geht."

„Der geht nicht", erklärte Lisa. „Immer muss ich ihn im Rucksack mitschleppen. Weil er nämlich ein furchtbar faulpelziger Bär ist, und sogar ein böses Bein hat er."

Nachts, im Bett, flog Lisa auch. Sie zog wunderschöne Kreise, schraubte sich in die Höhe, unter sich immer mehr Meer –

„Du hast ja auf einmal ganz blitzblaue Augen, Lisa!" Lisas Vater starrte sie an. „Wie machst du das?"

„Ich hab ans Fliegen gedacht", sagte Lisa. „Ich war ein Vogel und bin im Blau herumgeflogen. Schön war's!"

In KAPITEL NEUN *hören wir die älteste Geschichte der Welt*

„Den schenk i dir!" Die Marktfrau warf Lisa einen Apfel zu. „'S isch sowieso glei eins, un dann Schluss für heut!"

„Danke!" Lisa biss hinein, dass der Saft herausspritzte.

„Ich brauch keine Wäsch", protestierte Vitzliputz. Er saß auf ihrer Schulter und wischte sich mit dem Arm übers schwarze Gesicht. Jockel hatte auch eine feuchte Nase, aber dem war das egal.

„Willst du mal beißen?" Lisa hielt ihm den Apfel hin. „Wo du doch immer Hunger hast."

„Mag kein Apfel", sagte der. „Bin kein Adam nit."

„Weiß ich doch", sagte Lisa verwundert. „Du bist Vitzliputz und ein Teufel. Was hat das mit dem Adam zu tun?"

„Kennst die G'schicht nit? Die von Adam und Eva?"

„Meine Tante", sagte Lisa, „hat zwei Becher mit Henkeln. Auf dem einen steht ‚Adam', auf dem andern ‚Eva'. Aus dem Eva-Becher trinkt sie. Den Adam-Becher kriegt immer ihr Freund. Der vorletzte hat Klaus geheißen. Der letzte Joachim. Jetzt heißt er Günter. Sie hat gesagt, das ist sehr praktisch, weil Adam zu allen Männern passt und weil sie dann nicht immer einen neuen Becher kaufen muss."

Vitzliputz fand, Lisas Tante sei eine sehr kluge Tante.

„Aber ich mein eine andere G'schicht. Die älteste, die's gibt. Mit dem alleraltesten Adam. Und der allerersten Eva."

„Ach so. Ja, die kenn ich. Die haben im Paradies gewohnt, wo ein Apfelbaum mitten drin steht. Davon durften die nicht essen, weil Gott es verboten hat. Ich weiß aber nicht, warum. Wo Äpfel doch so gesund sind und ein Apfel am Tag den Doktor spart. Sagt meine Oma immer. Und dann haben sie doch einen Apfel geklaut und gegessen und sind aus dem Paradies hinausgeschmissen worden. Und ein mordsmäßiger Engel mit einem Schwert hat scharf aufgepasst, dass sie nicht mehr hineinschleichen. Hinten war auch zu."

„Das war der Michael", sagte Vitzliputz. „Der mit der Waag für die Seelen, weißt."

„Dann hat der aber ganz schön zu tun! Seelen wiegen und dazu noch aufs Paradies aufpassen. Da muss der ja immer hin- und herrennen. Oder fliegen."

„Willst hinein?" fragte Vitzliputz.

„Wo hinein?"

„Ins Paradies. Die Höll kennst ja schon."

Lisa zögerte. „Aber der Michael mit seinem Schwert –"

„Der merkt nix. Hab mich ja auch hineingeschlichen."

„Was, du? Als Teufel?"

Er nickte stolz.

„Wo ist es denn?"

„Im alten August. Hau Rucksack!"

„Kommst du mit, Jockel?" fragte Lisa, aber nur zum Spaß. Denn Jockel hatte gar keine Wahl. Er musste mit, ob er wollte oder nicht. Aber es wäre ihm sowieso wurscht gewesen.

Lisa und Vitzliputz machten sich auf ins Paradies im alten August.

KAPITEL ZEHN
spielt im Paradies

Das Paradies fanden sie gleich. Es war unter einem viereckigen Glaskasten, der an der Wand eines großen Raums stand. Dahin gelangte man vom Kreuzgang aus. Doch außer ihnen hatte es noch ein paar Leute dorthin gezogen. So machte Vitzliputz wieder sein Kunststückchen, mit dem er die anderen Besucher ganz schnell dazu brachte, sich zu verkrümeln. Er stank. In einer Minute war der Saal leer, und die beiden hatten das Paradies für sich.

Lisa fand es ziemlich klein. „Das ist ja nur so groß wie mein Lineal."

„Was wichtig ist, ist drin", sagte Vitzliputz. „Der Adam, die Eva, die Schlang und der Apfelbaum. Und der Löw."

Er machte sich ganz klein, sprang auf den Rücken des Löwen und kraulte dessen Mähne. Der schnurrte.

Je mehr Lisa das kleine Paradies betrachtete, desto mehr glänzten ihre Augen. Aber nicht nur diese. Alles glänzte. Am meisten Adam und Eva.

„Ist das Holz?" Lisa strich vorsichtig über Adams Hintern. „Ich weiß, wie man dazu sagt, Vitzliputz: geschnitzt. Und wie gelackt. Und schön glatt poliert. Wie Omas Fußboden. Ich seh alles ganz genau, obwohl es so klein ist. Die Locken von der Eva und sogar ihren Bauchnabel und die Finger. Sieht aus wie echt." Dann fing sie an zu lachen.

„Die beiden sind auch nackig wie die Seelen im Bild vom Jüngsten Gericht neulich. Und die Eva hält auch was vor sich hin. Weil sie sich geniert. Mutti hat einen Bikini, der ist fast noch kleiner als Evas Blatt. Vati läuft am Baggersee auch gern ohne alles rum. Aber die hier sehen doch anders aus als die im Jüngsten Gericht."

„Wie anders?" fragte Vitzliputz neugierig.

„Im Bild sind alle dünn und fein und zart und weiß. Wie Puppen. Die hier sind nicht dünn und fein und zart. Weiß sind sie auch nicht, sondern schön braun, weil sie ja den ganzen Tag in der Sonne rumlaufen. Weil es ein FKK-Paradies ist. Und Muskeln haben sie. Und Speck. Die könnten keine Models sein."

Vitzliputz gab dem Löwen einen freundlichen Klaps hintendrauf, kletterte auf den Apfelbaum und saß nun ganz oben auf der Spitze.

„'S war eine andre Zeit, Lisa. Der Meister, der das Paradies geschnitzt hat, kommt etliche Jahr nach dem vom Jüngsten Gericht. Da mag man keine Dünnen, Mageren. Da hat man's gern, wenn was drauf ist auf den Rippen, hihi!"

„Ich glaub, wenn ich dem Adam eine Butterbrezel hinhalt, der schnappt sie sich", sagte Lisa. „Wie den Apfel."

Dann versuchte sie, das Paradies von hinten zu sehen. „Schau mal, Vitzliputz! Hinten sehen die ja ganz anders aus", rief sie überrascht. „Lang nicht so fein geschnitzt. Die Eva hat gar keinen so runden Hintern wie der Adam. Alles ist viel gröber und ganz flach. Da hat der Meister bestimmt keine Lust zum Weiterschnitzen mehr gehabt."

„'S war nit notwendig, Lisa. Man hat's nur von vorn angeschaut. Da hat er sich keine so große Müh geben müssen. Was guckst so?"

„Das ist komisch", sagte Lisa. „Es sind ja noch mehr im Paradies. Von denen hat der Pfarrer in Religion nichts erzählt. Neben dem Adam. Ein Hirsch, der hat Hörner wie du."

„Der hat keine Hörner nit", sagte Vitzliputz beleidigt. „Bloß ein Geweih, ein mickriges."

„Und hinter der Eva guckt ein Reh hervor. Und eine Eule hockt auf dem Baum. Und eine Schlange ringelt sich um ihn rum. Die sind ganz gut getarnt."

Dann musterte sie kritisch den Baum. „Aber der sieht seltsam aus. Gar nicht apfelbaumig. Bei meiner Oma steht nämlich ein Apfelbaum im Garten. Der hat ganz andere Blätter und ist viel größer."

Vitzliputz kraxelte herunter, baute sich vor Adam auf und klopfte an dessen rechtes Bein, das etwas nach hinten gestellt war. „Weißt, Lisa, der Meister macht's wie der Adam hier. Ein Bein nach vorn, eins zurück. Das Zurück-Bein steht noch in der alten Zeit, da hat man's nit so genau genommen mit der Natur, wie die Blätter aussehen und die Bäum, wie groß und dick die sind."

„Und wo steht das vordere Meisterbein?" wollte Lisa wissen.

„In der neuen Zeit. Da hat man die Augen aufgerissen und genau hingeschaut; drum muss alles sein, wie man's in der Natur sehn kann."

„Dann sind Adam und Eva und die Tiere aus der neuen Zeit", stellte Lisa fest. „Und die Pflanzen und der Baum noch aus der alten. Ich glaub, da steht man ein bisschen wackelig, wenn man jedes Bein in einer andern Zeit hat. Aber warum liegt der Löwe auch unterm Baum? Wenn ich das Reh wär, bekäm ich Angst."

„Im Paradies nit, Lisa. Da tut keiner dem andern was. Drum hat der Meister die Viecher dazugeschnitzt."

Vitzliputz machte es sich zu Evas Füßen bequem. Und sang, nein, krächzte:

„Jeder hier find was zum Essen,
keiner tut den andern fressen,
's gibt kein Ärger weit und breit
's gibt kein Händel und kein Streit.
Hier herrscht Fried,
wie man sieht."

Er lag da, den Kopf in die Hand gestützt, und ließ ein Bein über den unteren Rand baumeln.

Lisa stemmte die Hände in die Seiten. „Und dann hat man sie hinausgeschmissen, Vitzliputz. Weil sie den Apfel gegessen haben."

Vitzliputz grinste.

Lisa ärgerte sich. „Also ich versteh das nicht", sagte sie empört. „Wegen dem einen Apfel gleich hinauswerfen! Find ich nicht nett vom lieben Gott. Das hab ich auch dem Pfarrer gesagt, im Kommunionunterricht, aber der hat gemeint, es sei eine furchtbare Sünde gewesen, die heißt Erbsünde, und dann hat er gesagt, dass es gleich läutet und er ganz schnell weg muss zu einer Taufe."

„Mit dem Apfel ist's wie mit dem Tiger, Lisa."

„Wieso Tiger?"

„Wenn dein Vater eurer Autokutsch zu saufen gibt, muss er zu so einem – so einer –"

„Tankstelle", sagte Lisa. „Wo er Benzin kriegt."

„Da hängt oft ein Bild mit einem großmächtigen Tiger drauf."

„Pack den Tiger in den Tank!" schmetterte Lisa.

„Und dann steckt dein Vater das Vieh in die Kutsch?"

„Quatsch. Benzin kommt da rein. Der Tiger ist nur ein – also das Auto hat dann Kraft wie ein Tiger und saust auch so los. Der ist bloß so ein Sym – ein Sym – das darf man nicht wörtlich nehmen."

„Mit dem Apfel ist's genauso", sagte er, steckte einen spitzigen Krallenfinger ins rechte Nasenloch und fing an zu bohren. „Der ist auch so ein Sym."

„Glaubst du, die haben gar keinen richtigen Apfel gegessen?" fragte Lisa erstaunt.

Vitzliputz schüttelte den Kopf.

„Haben sie was anderes gemacht?"

Vitzliputz nickte.

„In der Nas gebohrt, wie du eben?"

„Hihi! Mich juckt's halt. Ja, was anderes."

Lisa überlegte. „Es muss was Verbotenes gewesen sein. Was der liebe Gott nicht will. Was Böses. Eine Sünde. Dann sind sie hinausgeschmissen worden."

Er nickte.

„Aber was? Und dann haben sie es auch noch vererbt."

Lisa dachte nach. Über Adams und Evas Sünde. Schließlich sagte sie: „Ich hab auch mal was geerbt, Vitzliputz. Aber das war keine Sünde. Das war ein goldenes Kettchen mit einem Anhänger von meiner anderen Oma. Wenn ich ihn aufmach, ist ein Bild von ihr drin. Es ist ein schönes Erbstück, hat Mutti gesagt. Aber warum haben Adam und Eva uns so was Unfreundliches vererbt wie ihre Sünde? Wo ich die doch gar nicht haben will. Mein Vati hat auch mal was Unfreundliches geerbt, von einem Onkel. Lauter Schulden. Da hat er das Erbe nicht angenommen." Lisa fuchtelte aufgeregt mit den Armen. Ihre Augen blitzten.

„Ich will das Erbe von Adam und Eva gar nicht haben, Vitzliputz. Die sollen ihre sündige Schuld für sich behalten." Ganz rot vor Empörung waren ihre Backen.

„Lieber nit, Lisa", sagte Vitzliputz erschrocken. „Sonst gibt's keine sündigen Seelen. Und der Michel steht dumm da und hat nix zu tun. Und wenn er nix zu tun hat, kommandiert er uns nur rum und scheucht uns durch die Gegend. Engel und Teufel."

Aber Lisa war nicht zu bremsen. „Und es ist ja auch schon so furchtbar lang her", rief sie aufgeregt. „Ich hab auch mal was angestellt. Hab das Kellerfenster eingeworfen. Eigentlich war es ja mein Ball, nicht ich. Und da hat Vati gesagt, da lassen wir jetzt Gras über die Sache wachsen. Aber über den blöden Apfel im Paradies ist immer noch kein Gras gewachsen, Vitzliputz."

Der schüttelte den Kopf. „Was die zwei dir vererbt haben, Lisa, das kannst nit ausschlagen. Und Gras wächst da auch nit drüber. Das ist, dass du ein Mensch bist, wie sie."

„Ist das denn schlimm?"

„Schlimm ist's nit. Aber nur, wenn die Menschen gut mitnander umgehn. Sich nit die Schädel einschlagen. Und auch all die andern leben lassen. Die Tier, die Bäum, die Berg, die Luft, das Wasser. Mit allem, was drin kreucht und fleucht. Die Teufel auch. So will's der – du weißt schon, wen ich mein."

„Das will ich ja auch, Vitzliputz."

„Aber viele wollen's nit und tun's nit. Das ist die Sünd und die Schuld. Die Sach mit dem Apfel ist wie die Sach mit dem Tiger. Der ist auch nur so ein – ein Dings. Ein Sym."

Lisa nickte. „Ja. Den nimmt man auch nicht wörtlich."

„Musst es nur richtig verstehn, Lisa", sagte Vitzliputz eifrig. „Die Geschicht, die der Meister erzählt, der das kleine Paradies geschnitzt hat, geht so: Es gab mal eine Zeit, da war alles gut, weil niemand dem andern was zuleid getan hat. Dann ist's losgangen. Die Menschen sind großkotzig worden, haben Sachen gemacht, die Er – du weißt schon – nit will. Das ist der Apfel, Lisa. Und sie tun's heut noch und zu jeder Zeit."

Doch dann – Lisa starrte ihn an. Sie deutete auf die kleine Schlange, die sich ganz unauffällig um den Stamm gewickelt hatte.

„Aber die hier hat's ihnen gesagt, dass sie was Böses tun sollen. Die Schlange. Jetzt fällt es mir wieder ein. Hat der Pfarrer mal erzählt. In der steckt der Teufel."

Sie stieß ihren Finger in Vitzliputz' Bauch. „Du warst es! Du bist an allem schuld", rief sie mit blitzenden Augen. „Und dir hab ich neulich meine halbe Bratwurst gegeben!"

„So ist's recht", schniefte der. „Immer auf den andern herumhacken. Immer auf den Kleinen. Wo ich's doch gar nit war."

„Wer dann?" fragte Lisa streng.

„Der Mensch braucht kein Teufel nit, wenn er was Böses tun will. Das schafft er gut allein. Das mit der Teufelsschlang ist bloß eine Ausred. Drum findst in jedem Paradies eine. Ganz gleich, ob's gemalt ist oder aus Holz oder aus Stein." Er hockte da und war so lange beleidigt, bis Lisa ihn mit einer Nuss, die er mit seinen scharfen Zähnen knackte, wieder versöhnt hatte.

Lisa schüttelte den Kopf. „Aber der liebe Gott hätt die Menschen doch so machen können, dass sie gar nicht auf die Idee kommen, was Böses zu tun. Also manchmal versteh ich den wirklich nicht."

„Hihi! Der will, dass die Leut selber entscheiden. Drum tun sie manchmal das Gute, manchmal das Böse."

Er zog den Löwen heftig am Schwanz. Der knurrte. „Das macht viel mehr Spaß."

Doch Lisa wollte noch etwas wissen. „Sag mal, Vitzliputz – wo war es denn, das Paradies? Da sind Bäume drin und Blumen und Tiere. Dann muss es irgendwo auf der Erde gewesen sein. Oder?"

„Das Paradies, Lisa, ist nix Altes, was längst von der Erd verschwunden ist wie eine Insel im Meer. 'S ist immer da. Wo keins das andre totschlägt und anschmiert und bescheißt."

„Dann mach ich eins!" beschloss Lisa. „Ein ganz kleines. Aber nicht aus Holz. Ein wirkliches, wo Platz ist für ein paar Leute und für Schnuffl, das ist unser Kater, und für Jockel. Du darfst mich auch mal besuchen, Vitzliputz. Und der Michael darf dich nicht hinausschmeißen."

Vitzliputz strahlte. „Ich komm!"

Lisa sah ihn dankbar an. „Ich glaub, das war was furchtbar Wichtiges, worüber wir geredet haben, Vitzliputz."

Der verdrehte geschmeichelt die Augen.

„Hätt ich nie gedacht, dass man sich mit einem Teufel so toll unterhalten kann", sagte Lisa. „Mit unserem Pfarrer geht das nicht so. Der ist immer ganz eilig, wenn ich in Religion was wissen will. In wen bist du denn hineingefahren?"

„Natürlich in den Löw", sagte Vitzliputz stolz. „Der ist nämlich der König aller Viecher."

„Dann warst du schon zweimal König, Vitzliputz. Oder sogar Kaiser. Einmal in dem Bild vom Gericht, als Kaiserseele, und dann als Löwenkönig mit einer schönen dicken Mähne. Hat der Löwe nix dagegen gehabt?"

„Der hat gegähnt und gesagt, ich soll ruhig in ihn hinein, er macht inzwischen ein Nickerchen."

„Und? Wie war's?"

„Äußerst löwig", erklärte Vitzliputz. „Die Eva hat mich immer hinter den Ohren gekrault. Und der Adam hat sich auf mich draufgesetzt, und ich hab ihn herumgetragen. Zuerst hat's mir saumäßig gefallen, dann ist er mir zu schwer worden. Dann hab ich den Meister gefragt, ob er noch eine Löwenfrau schnitzen kann. Der liebe Gott hat dem Adam ja auch eine geschnitzt – ich mein, gemacht. Aber er hat nit wollen. Weil der Platz nit reicht, hat er gesagt. Weil wir dann bestimmt kleine Löwelchen machen, und dann muss er die auch schnitzen, und das ist ihm zuviel. Dann war's mir zu anstrengend, und ich bin wieder hinaus aus dem Paradies. Die Engel haben nämlich auch mit der Reiterei angfangen. Und der Meister ist weitergezogen nach Breisach und hat dort den großen Altar geschnitzt im Hohen Münster. Kennst den?"

Lisa schüttelte den Kopf. „Aber ich sag's Vati, dann fahren wir mal hin."

„Wenn den großen Teufel siehst an der Nordwand, den der Martin Schongauer gemalt hat – als ein Engel bläst er die Posaun und ist auf allen Postkarten drauf – sagst ihm einen schönen Gruß vom Vitzliputz."

„Mach ich. Wie heißt der Meister, der den Alter geschnitzt hat?"

„H. L.", sagte Vitzliputz.

„Das ist aber ein komischer Name."

„Sind nur die ersten Buchstaben. Mehr weiß man nit."

„Aber ich weiß jetzt eine Menge vom Paradies."

„Kann ich bitte das Paradies haben?" fragte sie die Frau an der Kasse.

„Eigentlich kommmt man da erst hinein, wenn man gestorben ist", sagte die. „Und auch dann nicht jeder. Aber weil ihr es seid –"

Und Lisa zog ab, ihren Teufel im Rucksack. Und den Bär. Der hatte natürlich das ganze Paradies verschlafen.

„Das ist vom Meister H. L.“, verkündete Lisa, als sie am nächsten Sonntagnachmittag im Breisacher Münster vor dem schönen Hochaltar standen. Die Sonne machte die Figuren ganz lebendig, lag auf Händen, Gesichtern und den hölzernen Ranken, und man konnte sich gar nicht vorstellen, wie einer das aus Holz geschnitzt hatte.

Die Eltern sahen sich an. „Woher weißt du das?“ fragten sie wie aus einem Mund.

„So was weiß man halt“, sagte Lisa. „Man ist doch nicht blöd! Jetzt besuchen wir den Oberengel, der gerade die armen Seelen in die Hölle stößt. Dort hinten an der Wand ist er. Er hat zwei Gesichter. Eins vorne und eins auf dem Hintern.“

„Steht ihm gut, was?“ sagte sie, nachdem alle lange das riesige Wandbild betrachtet hatten, dessen Farben im Lauf der Jahrhunderte immer mehr verblasst waren.

Als sie die Kirche verließen, sagte Lisa: „Geht ihr schon mal zum Auto, ich komm gleich!“ und lief schnell noch einmal zurück. „Einen schönen Gruß von Vitzliputz“, flüsterte sie dem Oberteufel zu. „Ein Mordsteufel bist du. Mach's gut! Tschüss!“

Der Mächtige hob zum Gruß seinen Spieß und grinste. Teuflisch. Nein, oberteuflisch.

Im ELFTEN KAPITEL kommt Vitzliputz nach Japan

Lisa und Vitzliputz spazierten über den großen Platz, und Vitzliputz erzählte von den Häusern, die um das Münster herumstanden. „'S war viel kaputt, halb oder ganz."

Lisa nickte. „Ich weiß. Weil Flugzeuge Bomben heruntergeworfen haben. Furchtbar lang ist das her. Über fünfzig Jahre. Aber jetzt ist alles wieder ganz." Sie guckte den Leuten zu, wie sie die schönen Häuser betrachteten und fotografierten. Ein Mann hatte seine Staffelei aufgestellt und malte sie sogar.

„Marvellous!" sagte ein Engländer.

„Magnifique!" ein Franzose.

„Che bello!" eine Italienerin.

„Saumäßig schön!" ein Schwabe.

Und ein Amerikaner schob hochachtungsvoll den Kaugummi in die andere Backentasche.

Auch ein Japaner sagte etwas Bewunderndes, aber das verstand keiner. Er fotografierte jedes Haus zuerst allein, dann mit seiner Frau davor, dann –

„Das ist doch der, dem ich dich gezeigt hab, Vitzliputz", flüsterte Lisa. „Dann hat er dich fotografiert und sich ganz toll verbeugt. Guck, so!" Lisa bückte sich so tief, dass ihre Haare fast den Boden berührten.

Der Japaner drehte sich um, lächelte sie an, zeigte auf die reichverzierte Fassade des Neuen Kaufhauses.

Ganz rot leuchtete die. Lisa stellte sich vor die Säule, die einen der zwei Erker mit den bunten Dachziegeln trug, und kam so auf das Bild Nummer achthundertsiebenundzwanzig. Vitzliputz, der auf ihre Schulter gesprungen war, natürlich auch.

„Jetzt kommst du nach Japan, Vitzliputz“, sagte Lisa.

Der kicherte. „Hihi! Aber der sieht mich nit, wenn er dort sein Bild anguckt.“

„Vielleicht ist er aber auch ein anderer Japaner“, meinte Lisa.

„Das Haus hier, das Neue Kaufhaus, ist mehr als fünfhundert Jahr alt.“

„Aber du bist älter, Vitzliputz“, sagte Lisa.

„Haben viel Handel getrieben, die Bürger der Stadt“, erklärte der. „Tiefe Keller gibt’s da drin, und große Speicher, wo man all die Waren hat aufgehoben in alter Zeit. Siehst die Bilder aus Stein droben zwischen den Fenstern? Einen von denen kennst – ’s ist der Kaiser, in den ich gefahren bin.“

„Der Maximilian mit der großen Nas?“ fragte Lisa.

„Derselbig. Dem hat die Stadt gut gefallen. Man sagt, er hab sich sogar ein Haus lassen bauen, in der Franziskanergass. „Haus zum Walfisch“ heißt’s. Für die Zeit, wo er kein Lust mehr hätt zum Regieren.“

Lisa nickte. „Wenn er pensioniert ist“, sagte sie. „Oder in Rente, wie meine Oma.“

„Ist aber nit gekommen, der Maximilian. Gleich daneben siehst das Haus zum schönen Eck.

Ein berühmter Mann hat sich’s als Wohnhaus gebaut, der Christian Wenzinger. Mehr als zweihundert Jahr ist’s alt. Ist eine schöne Trepp darinnen, da rutschen die kleinen fetten Engel, die Putten, nachts drauf herunter, wenn keiner zuguckt. Put, put, put!“ schrie er zu dem Haus hinüber, und die kleinen Dicken hörten es und kicherten: „Das war der Vitzliputz!“

„Eine Zeitlang haben junge Leut drin Musik gemacht. Jetzt ist’s ein Museum, in dem man Bilder und Sachen aus Freiburg von früher sehen kann. Musik kann man jetzt nur noch außen hören. Wie von dem dort.“ Er zeigte auf den Brunnen in der Nähe des Hauptportals, auf dessen Rand ein junger Mann saß, Gitarre spielte und dazu sang.

„Heut singen die fast nur noch in englischer Sprach“, sagte Vitzliputz, „die Leut denken dann, das sei was Besseres.“ Er grinste. „Ist aber der gleiche Käs.“

Sie gingen ein Stückchen weiter.

„Und das hier, grad hinter dem Brunnen, hat man früher das Haus zum Ritter genannt, weil sich die Ritterschaft drin getroffen, gefeiert und gesoffen hat.

Das hat auch in Trümmern gelegen, aber man hat's wieder aufgebaut. Heut wohnt bloß noch so ein Erzbischof darin. Jetzt geht's wieder dorthin.“ Sie liefen über den Platz zur Ostseite und standen vor einem großen Haus.

„'S ist die Alte Wach. Da haben früher Soldaten Wach gestanden, damit nix passiert.

Ums Eck herum siehst die Münsterbauhütt, die mit den Balken in der Wand. Die gibt's schon lang, weil immer was kaputt ist am Münster.

Die liegen nit auf der faulen Haut, die Steinmetzen, haben immer was zu schaffen, einem Engel eine neue Nas oder einen Flügel oder einem von den Kerlen, die Wasser spucken, ein neues Gebiss."

Lisa betrachtete ihn prüfend. „Und du, Vitzliputz? Hast du auch schon was Neues? Ein Hörnchen oder einen Schwanz?“

Der grinste. „Bin noch der alte. Und hier ist wieder ein schönes Haus. ’S heißt Zum Guldin Stauff. Siehst die zwei Engel, die’s Wappen halten? Das Haus hat ein Bischof bauen lassen, aus der Stadt Basel –“

Inzwischen waren sie auf der Nordseite des Münsters.

„’S war Krieg“, sagte Vitzliputz. „Und alles war hin. Nur Trümmer sind herumgelegen. Und sein Gesicht.“

„Was für ein Gesicht?“ fragte Lisa entsetzt.

„Vom Engel mit der Posaun. Der hoch droben steht. Als die Bombem vom Himmel gekommen, ist’s heruntergefallen. Aber er hat’s wieder gekriegt, was nit ein jeder von sich sagen kann, der sein Gesicht verloren hat. Man hat alles wieder neu aufgebaut. Am schönsten ist das Haus hier, wo man außen auf einer Trepp bis oben hinaufspazieren kann.“

„Das kenn ich“, sagte Lisa. „Das ist das Kornhaus. Darin haben die Leute früher das Getreide aufgehoben, und ich hab hier mal mit Vati ein Eis gegessen. Schokolade mit Sahne.“

Vitzliputz lief sichtbar das Wasser im Maul zusammen. „Ich nit“, sagte er mit schwacher Stimme. „Wer kauft schon einem armen Teufel so was, wo's doch gut wär für seinen wehen Huf.“

Vitzliputz' Huf bekam ein Eis.

Lisa – ohne Huf – auch.

„Eins will ich noch sehen: Das Haus, wo du – wo der Maximilian – beinahe in Pension gewohnt hätt.“

„Das ist in der Franziskanergass. Komm!“

Dann standen sie vor einem alten Haus mit einem prächtigen Portal; darüber war ein wunderschöner Erker.

„Hat dafür ein anderer darinnen gewohnt, Lisa, wenn auch nur kurze Zeit. Der Erasmus von Rotterdam, ein gelehrter Mann, der hat viele Bücher geschrieben. Ist aber nit lang geblieben, war ihm zu laut, das Glockengebimmel von der Franziskanerkirch."

„Heute sehen Häuser nicht mehr so aus wie das hier", sagte Lisa. „Viel langweiliger. Mir gefallen solche alten besser. Man kann schöner darin spielen, weil da so viele Ecken sind und Treppen, wo man sich verstecken kann. Meine Oma aus Staufen wohnt auch in einem alten Haus. Das riecht schon so toll geheimnisvoll."

Vitzliputz schüttelte den Kopf. „'S gibt auch heut schöne Häuser. Eins davon kenn ich gut. Willst es sehn?"

Lisa wollte.

„'S ist im neuen Haus."

„Klingt lustig", sagte Lisa. „Das neue Haus im neuen Haus. Da bin ich aber gespannt."

„Hau Rucksack!" schrie Vitzliputz.

So sieht es aus, das Schweizer Haus.
Zu besichtigen in KAPITEL ZWÖLF

Lisa staunte. „Das soll ein Haus sein?“ Sie stand ratlos vor einem Ding, wie sie noch keines gesehen hatte.

Es hatte einen goldfarben metallischen Glanz, aber als Lisa leicht darüber strich, fühlte sich die rauhe Oberfläche gar nicht wie Metall an. Eher wie Papier oder Pappe. Und als sie es anstupste, merkte sie, dass es ganz leicht war. Es tat nur so, als sei es schwer und aus Metall.

Eigentlich war da nichts als eine gebogene lange Form, die auf dem Fußboden auflag. Ein Bogen mit zwei Enden. Die sahen sehr seltsam aus.

Das untere Ende war dicker und schwerer, es ähnelte einem kleinen Haus mit einem runden Dach. Durch eine ebenfalls oben abgerundete Türöffnung konnte man in das Innere hineingehen. Aber nur, wenn man klein genug war. Auch auf dem oberen Ende saß ein Haus, aber das war nur ein viereckiger Klotz oder Turm, kleiner und schmaler als das untere. Das war auch schon alles.

Lisa ging einmal um das Ding herum. „Sieht ein bisschen aus wie mein altes Schaukelpferd", sagte sie, „aber nur ein ganz klein bisschen, es hat ja außer dem Schaukelbogen nichts Pferdiges. Keine Ohren und keinen Schwanz und keine Mähne. Das obere und das untere Ende sind wie zwei Schlüssellöcher. Aber ohne Schlüssel. Oder wie eine komische Riesenschnecke, die ihr Haus mit sich schleppt. He, Vitzliputz, was machst du denn?"

„Siehst du doch!" schrie der Teufel, sprang mit einem Satz auf den oberen Teil der schaukelnden Riesengaulschnecke und rutschte, vor Vergnügen krähend, den Bogen hinunter. Dann gleich nochmal.

„Stimmt", rief Lisa, „das ist nicht nur ein bisschen wie mein Schaukelpferd, es ist auch wie ein Treppengeländer. Oder wie eine Rutsche im Schwimmbad. Nur, dass man hier nicht im Wasser landet."

Vitzliputz war unterdessen durch die dunkle torartige Öffnung in das Innere des unteren ‚Hauses' geschlüpft.

„He! Vitzliputz! Komm wieder raus aus dem Haus!"

Der dachte nicht daran. „Will nit naus aus dem Haus!"

„Wie ist es denn da drin?"

„Munkel, munkel, dumpf und dunkel!" ertönte seine Stimme. Sie klang hohl und ein bisschen unheimlich.

„Mach doch Licht!"

„Geht nit."

„Ist noch was darin außer Dunkelheit?"

„Ja. Ist was darin."

„Was denn?"

„Alles", rief Vitzliputz.

„Blödsinn! Alles hat doch keinen Platz da drin, Vitzliputz!"

„Alles, was du willst, Lisa. Alles, was du dir ausdenken kannst."

Der Teufel guckte zur halbrunden Tür heraus und grinste Lisa an. Dann stapfte er den steilen Bogen hinauf, wobei er immer wieder ausrutschte und auf die Nase fiel, bis zu der viel kleineren, engeren Türöffnung des oberen Hauses und verschwand auch darin. Lisa hörte merkwürdige Geräusche hervordringen. Ein leises Pfeifen und Scheppern, ein Rumpeln und Pumpeln. Dann schoss er heraus, rutschte abermals auf dem Hintern herunter und landete genau vor ihr.

„Das sind ja zwei Häuser in einem", sagte Lisa. „Auf einer Wippe oder Schaukel. Aber nur für kleine Leute. Für Zwerge. Oder für Winzigteufel."

„Schwei-zer Haus", buchstabierte eine tiefe Männerstimme hinter Lisas Rücken. „Schau, Trudi, da steht es auf dem Schildchen. Ein Schweizer Haus soll das sein, he!"

Lisa drehte sich um. Der Mann hatte es zu einer Frau gesagt. Die schaute misstrauisch auf das Schaukelgebilde, das sich allerdings nicht bewegte, sondern ruhig und sicher dastand.

Die Frau schüttelte den Kopf. „Wer das gemacht hat, der war noch nie in der Schweiz“, sagte sie. „So sieht's bei uns wirklich nicht aus, so primitiv. Der mag wohl keine Schweizer. Wenn ich in so einem Ding wohnen müsst – dankeschön! Etwas Solides ist mir doch lieber. Schweizer Haus! Pah!“

„Die sind Schweizer“, flüsterte Lisa Vitzliputz zu. „Die reden nämlich Schwyzerdütsch.“ Und zu der Frau sagte Lisa mutig: „Aber mir tät das gefallen, wenn ich so eine Hausschaukel hätt. Wenn's unten zu heiß ist, zieht man einfach hinauf, da bläst der Wind, und man hat frische Luft, und wenn's eine Überschwemmung gibt, wird man nicht nass.“

„Nein, so was!“ Der Mann musterte Lisa von oben bis unten. „Was du nicht sagst!“ Dann deutete er mit spitzem Finger auf Lisas Rucksack. „Was ist denn das?“

„Mein Bär“, sagte Lisa. „Eben hat er gesagt, dass er das Haus richtig bärenstark findet.“

„Bei uns in der Schweiz wär das verboten, nicht wahr, Trudi? Wo kämen wir denn hin, wenn jeder hergelaufene Bär ins Museum gehen könnte, wenn er grad Lust dazu hat? So was gehört sich einfach nicht.“

„Jockel ist ein besonderer Bär. Der darf das. Und ich finde das Haus auch toll. Man kann auf alles herabschauen. Wenn man wieder in das größere Haus will, rutscht man einfach hinunter. Und ich finde, es passt auch gut in die Schweiz.“

„Wieso?“ fragte die Frau misstrauisch.

„Ist doch klar. Da gibt's ja auch oben und unten. Oben die Berge, und unten ist es flach.“

Die beiden sahen sich an. „Aha!“ sagten sie beide. „Unten flach und oben die Berge. Da muss man aber erst draufkommen.“

„Und wenn Sie in so einem Haus wohnen, können Sie, wenn Sie hinunterwollen, mit den Skiern oder mit dem Schlitten auf der Rutsche fahren.“ Sie kicherte. „Oder auf dem Hintern. Wie –“ Wie Vitzliputz, wollte sie sagen, aber sie verschluckte es gerade noch rechtzeitig. Einen Teufel fanden diese Leute bestimmt genauso unsolide und unschweizerisch wie das Schaukelhaus. Und einen Bären im Museum.

„In meinem Alter pflege ich weder auf Rutschbahnen noch auf dem Hintern herumzurutschen", sagte die Dame. „Ich benütze eine Treppe, wie sich das gehört für normale Schweizerinnen und Schweizer und alle anständigen Menschen. Außerdem" – sie zog die Luft geräuschvoll durch die Nase – „außerdem stinkt es hier. In einem Schweizer Haus stinkt es grundsätzlich nicht." Die beiden normalen Menschen verließen würdevoll den Raum und stiegen langsam die Treppe zum unteren Stockwerk hinab.

Lisa sah Vitzliputz an, schnüffelte ebenfalls und platzte heraus: „Die hast du aber schön verjagt!"

„Gelernt ist gelernt," schrie Vitzliputz. „Soll ich dir zeigen, wie's geht? Kann man immer brauchen, so einen Gestank."

Aber darauf verzichtete Lisa. Sie lief noch ein paarmal um das Gebilde herum. Und immer mehr fiel ihr dazu ein:

„Oder es ist ein Märchenhaus.

Oben in dem Turm ist die Prinzessin gefangen.

Das bin ich.

Unten in der Höhle haust ein Drache, der sie bewacht.

Aus seinem Maul spuckt er Feuer.

Der Drache bist du, Vitzliputz.

Und wer die Prinzessin befreien will, der muss den Drachen töten – nein, ihm was zu fressen geben, damit er ganz friedlich ist – und die Rutschbahn hinaufklettern, die ist furchtbar glatt, und er rutscht immer wieder aus, wie du vorhin."

„Hihi!" kicherte Vitzliputz und sang:

„Lisa hockt im Märchenhaus,
Aus dem Haus kommt sie nit raus.
Kann nur aus dem Fenster gucken,
und der Drach tut Feuer spucken!"

Dann war Lisa wieder dran:

„Es kann aber auch ein verzaubertes Haus sein.

Wenn man unten hineingeht, kommt man durch den unterirdischen Gang hinauf zu dem anderen Haus.

Und auf einmal ist man in einer ganz anderen Zeit.

Rückwärts oder vorwärts.

Die Leute tragen seltsame Hüte und reden so merkwürdig und sagen seltsame Wörter.

Wie du manchmal, Vitzliputz."

Vitzliputz verdrehte geschmeichelt die Augen.

Aber Lisa wusste noch mehr:

„Oder man geht unten als eine Frau hinein und kommt oben als Mann heraus. Oder umgekehrt."

„Als Weib hinein,
als Mann heraus,
Ei der Daus!" kicherte Vitzliputz.

Und wieder Lisa:

„Oder es ist das Haus der zwei Geheimnisse.

Das untere Geheimnis ist grün und scheppert, das obere ist blau und pfeift.

Oder es ist ein Ferienhaus, wo man sich erholen kann und kein normaler Mensch mehr sein muss.

Und kein würdevoller.

Es liegt ganz weit weg.

Nicht in der Schweiz.

Im Land ‚Andersrum', das kennt kein normaler Mensch."

Und wieder Vitzliputz:

„‚Andersrum' liegt gut versteckt,
nur die Lisa hat's entdeckt."

Und wieder Lisa:

„Vielleicht liegt das Haus auch auf dem Meeresgrund. Und die Fische schwimmen hinein und heraus.

Und die kleine Seejungfrau wohnt darin, und sie schaukelt immer hin und her."

„Schaukelt her und schaukelt hin,
nichts als Schaukeln hat's im Sinn,
schaukelt hin und schaukelt her
im tiefen Meer", sang Vitzliputz.

„Oder es ist ein Haus auf einem anderen Stern.

Oder es ist ein urururaltes Haus, in dem die Menschen vor einer Million Jahren gelebt haben. Die Schaukelmenschen, denen immer schlecht geworden ist, wenn sie mal nicht schaukeln konnten.

Und ein Forscher hat es entdeckt. Auf einem Berg oder im Wüstensand. Das tät mir gefallen."

„Mir auch", sagte Vitzliputz sehnsüchtig.

„Toll, was man alles mit dem Haus machen kann, Vitzliputz. Was man sich ausdenken kann. Viel mehr als mit einem normalen Haus."

„Ja, ein Tollhaus ist's", sagte Vitzliputz. „Ich hab mal drin getollt,
gerollt,
gebollt,
gefollt,
gemollt,
gepollt,
gelollt,
Und gejollt hab ich auch."

„Nein, so was!" staunte Lisa.

„In der rabenschwarzen Nacht
hab ich alles drin gemacht
und mich beinah totgelacht.
Ganz teuflisch war's."

„Es ist halt ein geheimnisvolles Haus", sagte Lisa. „Und man kann nicht hineingucken. Das ist wie bei den Menschen. In die kann man auch nicht hineingucken."

„In Teufel auch nit", sagte Vitzliputz. „Hau Rucksack! Und denk an die Kart. Mach Platz, Jockel!"

Lisa kaufte bei dem Mann an der Kasse das Bild mit dem Schweizer Haus, dann zogen sie ab.

Nachts träumte Lisa von dem Haus. Sie war drin, und es sah von innen ganz anders aus, als sie es sich vorgestellt hatte. Es war unglaublich. So unglaublich, dass sie es vergessen hatte, als sie die Augen wieder aufmachte.

„Macht nichts", dachte Lisa, „das hätt mir doch niemand geglaubt, was ich da drin gesehen hab."

Im DREIZEHNTEN KAPITEL

hocken wir auf der Mauer, auf der Lauer ...

Lisa hockte auf einer der Sitzfiguren aus rotem Sandstein auf dem Münsterplatz, und Vitzliputz erklärte ihr und Jockel, der allerdings kein großes Interesse daran zeigte und andauernd gähnte, wie es früher einmal hier ausgesehen hatte.

„Um die Kirch rum“, sagte er, „war der Gottesacker.“

Gottesacker? Lisa kannte das Wort nicht. „Hat der da was angepflanzt, der liebe Gott?“

Vitzliputz nickte. „Ein besonderer Samen war dort im Boden. Die Leiber von denen, die gestorben sind.“

„Ach so. Ein Friedhof.“

„Oder Kirchhof, wie man auch sagt. Weil's der Hof rund um die Kirch ist. Wer in die Kirch hat hineinwollen, ist an den Gräbern vorübergegangen. Waren nah beieinander, damals, Leben und Tod.“

„Ich seh aber keine Gräber“, sagte Lisa. „Meine andere Oma, nicht die aus Staufen, liegt auf dem alten Friedhof, da sind große Bäume mit Vögeln drauf und Grabsteine mit Efeu umwickelt und viele Engel, die sind aus Stein und schön traurig und moosig und lassen die Flügel hängen. Guck, so!“

Lisa verwandelte sich in einen Friedhofsengel.

„Ist dir was, Kleine?“ fragte eine Frau mit einer Leine, an der ein Hund hing.

„Mir ist nix“, erklärte Lisa, „ich bin nur gerade ein trauriger Engel. Und was da herunterhängt, sind meine Flügel, auf denen wächst Moos.“

„Dann ist ja alles in Ornung“, sagte die Frau beruhigt. „Lass das, Waldi!“ Und zu Lisa sagte sie: „Er schnuppert halt gern an Engeln. So sind sie, die Dackel.“ Und zerrte den Dackel weiter.

„Den Münsterfriedhof gibt's schon lang nit mehr", erklärte Vitzliputz. „Ich hab befohlen, dass man ihn zumacht. Das war im Jahr 1513." Er sah sehr selbstbewusst aus, als er das sagte.

Lisa staunte. „Was? Du?"

Vitzliputz nickte würdevoll. Lisa sah ihn von der Seite an. „Du schwindelst. Du kannst doch den Menschen nichts befehlen, als Teufel."

„Kann ich wohl. Nit als Teufel. Als Kaiser."

„Kaiser? Kaiser Vitzliputz?"

„Als der Kaiser Maximilian. Der in dem Bild vom Jüngsten Gericht. Der nackige Kaiser, in den ich gefahren bin. Der mit der großen gebogenen Nas. Selbiger Kaiser war's, der den Gottesacker hat schließen lassen. Aber die Gräber waren noch lang da. Bis vor zweihundert Jahr."

„Ach so. Jetzt versteh ich, wie du's meinst." Sie kraulte ihn zwischen den Hörnern.

Vitzliputz grunzte vor Behagen. Dann erzählte er weiter: „Um den Kirchhof herum war der Esel."

„Und der ist immer um den Friedhof herumgerannt?" fragte Lisa erstaunt.

„Ist nicht gerannt. Hihi. Weil er gar kein richtiger Esel war."

„Gibt's auch falsche Esel?" fragte Lisa verwirrt.

Vitzliputz grinste: „'S gibt zwei, Lisa. Um den Kirchhof herum ist eine Mauer gewesen aus Stein, die war der eine Esel. Der andre Esel ist einer aus Holz."

Das fand Lisa sehr komisch. Eine Mauer, die man Esel nannte?

„Weißt nit, was am Palmsonntag geschehen ist, vor langer Zeit, in der Stadt, die Jerusalem heißt?"

„Äh –" Lisa schüttelte den Kopf.

„Da ist unser Herr – du weißt schon, wen ich mein – in die Stadt eingezogen, ist aber nit gelaufen, ist auf einem Esel geritten. Und zur Erinnerung an selbigen Esel hat man ein Langohr aus Holz gemacht, das hat Rollschuh gehabt, wie heut die Kinder, und man hat es an einem Strick über die Mauer gezogen. Immer hin und her. Mit dem hölzernen Herrn auf sich drauf. Ist ein prächtigs Spektakel gewesen."

„Auf so einem Esel wär ich gern gesessen", sagte Lisa.

„Nit nur du. Unsern Herrn haben sie oft heruntergenommen und in eine Eck gestellt. Dann haben die Kinder den hölzernen Esel geritten. Aber nit nur die Kinder." Er sprang mit einem Satz auf den Sattel des Fahrrads, das ein Junge an das Telefonhäuschen gelehnt hatte, und ritt auf diesem Drahtesel, der sich freilich nicht von der Stelle rührte, heftig klingelnd auf und ab. „Bin hineingefahren in ihn. Hat saumäßig Spaß gemacht. Hab I-ah geschrien, so laut, dass die Mauer gewackelt hat. Hab so manches Gör hinuntergeschmissen, wenn's an meinen Ohren gerissen hat. Drum hat man die Mauer nach dem Esel genannt."

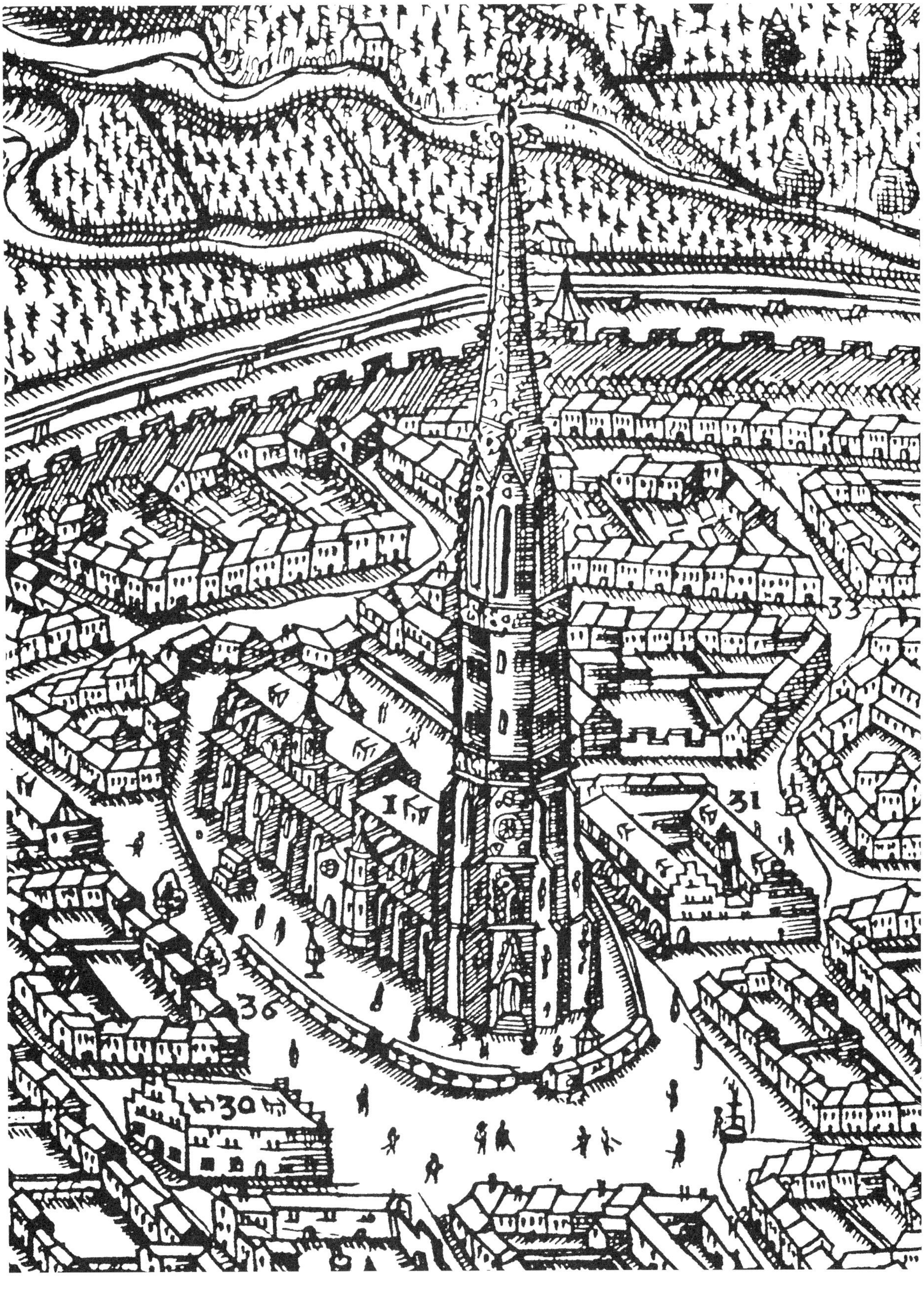
33
1
31
36
30

„Und der Holzesel?“ fragte Lisa, „was ist mit dem passiert?“

„Als die Mauer weg war, ist keiner mehr geritten auf ihm, der steht schon lang im alten August und hat lange Weil. Und einen großen Hunger.“

„Hunger? Was frisst er denn am liebsten?“

„Die kleinen Jockel.“

„Was?“

„Einen roten oder gelben oder grünen.“

Lisa verschluckte sich, so musste sie lachen. „Gummibärle. Dann bring ich ihm welche mit. Wart hier auf mich.“ Sie sauste schnell ins Kaufhaus.

Als sie wieder da war, schrie Vitzliputz, dem das riesigen Spaß machte, wie gewohnt sein „Hau Rucksack!“

Dann zogen sie los, eselwärts.

Im *VIERZEHNTEN KAPITEL*

lernen wir einen alten Esel kennen

Der Stall im alten August, in dem der Palmesel wohnte, war natürlich kein richtiger Stall, sondern ein großer heller Saal. Der sah aus wie eine Kirche, mit hohen halbrunden Fenstern und Säulen und einer Orgel, zu der eine Treppe hinaufführte. Und vor der Treppe, mitten im Raum –

„I-aaaaah!" rief Lisa dem hölzernen Langohr zu, aber ganz leise. „Du kriegst Besuch! Freust du dich?"

„I-aaaah!" schrie der Esel, „furchtbar freu ich mich."

Er hob zur Begrüßung den Kopf. Aber das hörten und sahen natürlich nur Lisa und ihr Teufel. Die paar Leute, die die buntbemalten oder goldglänzenden Heiligenfiguren betrachteten und die alten Bilder, die an den weißen Stellwänden hingen, störten die beiden nicht, weshalb Vitzliputz ausnahmsweise – aber vor allem mit Rücksicht auf den stillen Reiter – auf das Stinken verzichtete.

„Grüß Gott!" sagte Lisa höflich zu diesem, und zum Esel: „Du bist aber ein kleiner Esel. Kleiner als ein richtiger."

Dann fiel ihr ein, das könne den Esel beleidigen, weshalb sie schnell hinzufügte: „Klein aber oho, sagt meine Oma immer."

Der Esel sah das auch so. „Und ich leb länger", sagte er selbstbewusst. „Bin auch groß genug, damit man mich gut hat sehen können. Bin schließlich die Hauptperson gewesen am hochheiligen Palmsonntag. Ohne mich hätt Er müssen laufen."

Der hölzerne Reitersmann sah die beiden Besucher ernst und mild zugleich an. Er hielt mit der linken Hand einen unsichtbaren Zügel, die rechte hatte er erhoben.

„Wie zur Begrüßung", sagte Lisa, und, mitleidig: „Er hat ja nur noch zwei Finger."

Der Esel seufzte. „'S liegt am Zahn der Zeit. Der nagt an göttlichen Fingern und sogar an Eselsohren. Da kennt der nix."

„Stimmt!" sagte Lisa, „du hast ja gar keine Ohren mehr. Ach du armer Esel!"

„Eins, zwei drei vier fünf, sechs sieben,
wo sind seine Ohr geblieben?
Ein Esel ohne Eselsohr
kommt eim nit wie ein Esel vor",

sang Vitzliputz nicht besonders taktvoll. Er hockte hinter dem Reiter auf dem Eselsrücken und feixte.

Aber der Esel nahm es nicht krumm. Und er wusste in Religion ein bisschen besser Bescheid als Lisa.

„Der Reiter segnet die Leut", sagte er, „die wedeln mit ihren Palmstengeln, dass die Mücken mich nit so plagen."

Vitzliputz sprang wieder herunter und auf Lisas Schultern. „Das sagt er immer", brüllte er ihr ins Ohr. „Die haben nit wegen ihm gewedelt, sondern wegen dem, der auf ihm sitzt, und haben sich die Kehl wundgeschrien."

„Was haben sie denn gerufen?" fragte Lisa.

„Hosianna!" schrien Esel und Teufel wie aus einem Maul. „Einer lauter als der andre."

„Das will heißen: Hoch soll er leben!" erklärte Vitzliputz.

„Und heiß war's", sagte der Esel. „Und die Hosanna, die alte Spätzlesglock, hat mir die Ohren vollgebimmelt, die waren damals noch an mir dran. Wo ich doch keine Glockentön nit mag. Trompete klingt viel schöner. Soll ich mal?"

Ohne Lisas Antwort abzuwarten, fing er an zu trompeten, dass die Wände wackelten und die Bilder sich an ihren Nägeln festhielten, um nicht herunterzufallen, und die beiden heiligen Annas, die Großmütter der beiden Jesuskinder, die mit zwei Marien gemütlich zusammensaßen, die Ohren zuklappten.

„Und so leicht war er" – der Esel hob den Schwanz und zeigte mit der Spitze auf den Reiter – „nun auch nit. Jaja, man hat's schwer als heiliger Esel." Er seufzte.

„Na hör mal", sagte Lisa verwundert. „Du bist doch gar nicht heilig. Heilig ist doch Er!"

„Aber fast!" erklärte der Esel überzeugt. „Ich mein, beinah. Wenigstens ziemlich. Und die Füß haben wehgetan. Alle vier Stück."

Lisa betrachtete die vier großen Räder, die trugen eine Art Plattform, auf der stand der Esel. „Du schwindelst", sagte sie. „Du bist ja gezogen worden. Das hier ist nämlich eine Deichsel, und daran war bestimmt ein Strick. Du hast ja gar nicht selber laufen müssen."

„Meinst?" fragte der Esel und kratzte sich mit dem rechten Hinterhuf. „Weiß nit mehr so genau. 'S ist lang her."

„Klar. Am letzten Sonntag waren wir im Schwarzwald, Vati, Mutti und ich. Da sind wir ganz lange gewandert. Mindestens zwei Stunden. Und ich hab eine Blase bekommen, weil mich keiner gerollt hat." Sie zog den rechten Schuh aus und zeigte den beiden ihre Ferse, auf der ein großes Pflaster klebte.

„I-ah!" schrie der Esel vergnügt. „Bis zur Hochzeit ist's wieder gut!" Er redete genauso wie Vitzliputz, was daher kam, dass sie aus der gleichen Zeit stammten.

Lisa strich über seine Mähne. „Wer hat dich denn gemacht?" wollte sie wissen.

„Hab's vergessen. Bin ein recht alter Esel, Lisa. Ich glaub ein Bildhauer aus dem Schwäbischen, der mich aus dem Holz geholt hat, wo ich drinnen geschlafen hab. Sind wohl fast sechshundert Jahr her. Als ich ganz fertig dagewesen bin, hat er unsern Herrn geschnitzt. Der war viel leichter zu machen als ich, weil seine Ohren nit so lang sind und er nur zwei Bein hat. Er hat ihn auf mich gesetzt, dann hat er noch die Plattform und die Rollen gmacht und uns draufgstellt. Und dann –"

„Dann ist's losgegangen", sagte Vitzliputz, der ganz zappelig geworden war, weil der Esel ihm viel zu lange redete. Lisa merkte wohl, es passte ihm überhaupt nicht, dass der das große Wort führte, weil Vitzliputz sich selber natürlich für die Hauptperson hielt.

„Hab oft zugeguckt, wenn du auf der Mauer um die Kirch gerollt bist, mit den Kindern auf dem Buckel, die haben gejuchzt vor Freud. Weißt noch, wie ich in dich gefahren bin?"

Der Esel nickte. „Weiß es wohl, Vitzliputz, alter Teufelsbraten. Auf einmal waren wir zwei. Hab mich nämlich nit rauswerfen lassen von dir. Eng war's in mir drin. Du hast wollen rechts herum ums Münster, ich links."

„Und dann?" fragte Lisa gespannt.

Vitzliputz und der Esel sahen sich an und grinsten beide.

„Sind wir stehengeblieben", sagten sie, wie vorhin, aus einem Mund. „Haben kein Schritt mehr getan."

Der Esel sagte: „Die Leut haben die Köpf geschüttelt und geschrien: So ein störrischer Esel!"

Dann schimpften sie alle beide los, damit Lisa hörte, was die Leute noch alles geschrien hatten. Und Lisa merkte, wie sehr den beiden das Spaß machte:

„So ein bockiges Vieh!" Das war der Esel.

„Ein elendiglicher Mistkerl!" Das war Vitzliputz.

„Ein Lumpentier!" der Esel.

„Ein dickköpfigs Rabenaas!" Vitzliputz.

„Ihr schreit ja fast wie die zwei Wasserspucker am Münster", rief Lisa voll Bewunderung. „Und dann?"

„Dann hat er" – Vitzliputz deutete auf den Reiter, der, wie es Lisa schien, leise lächelte – „dann hat er mich hinter dem Ohr gekrault, dem linken –"

„Nein, hinter dem rechten", rief der Esel.

„Dem linken", schrie Vitzliputz.

„Ich muss es wissen", rief der Esel, „weil es meine Ohren sind."

„Nein, meine!" schrie Vitzliputz. „Ich bin ja in dich hineingefahren."
„Ist doch egal", sagte Lisa. „Wo sie doch sowieso weg sind. „Ihr seid richtige Streithammel."
„Bin kein Hammel", sagte der Esel beleidigt. „Bin ein Esel."
„Bin auch kein Hammel nit", empörte sich Vitzliputz. „Bin ein Teufel."
„Weiß ich doch", sagte Lisa. „Gut, dass euch wenigstens keiner hört. Nur ich."
„Und er!" Sowohl der Esels- als auch der Teufelsschwanz machten einen eleganten Schlenker zum Reiter hin.
Lisa sah in das sanfte, feine Gesicht, das ein kurzer Bart umrahmte. Sein Haar fiel in schön gedrehten Locken bis auf die Schultern. Sie spürte auf einmal heftiges Mitleid mit dem mildblickenden Christus. „Auf dem Esel bist du in die Stadt gezogen, die Jerusalem heißt, und dann in Freiburg immer auf der Eselsmauer hin- und hergerollt", sagte sie leise zu ihm. „Und ich weiß, wohin du dann gegangen bist. Glaub's nur!"

Eine Weile hörte man keinen Mucks.
Dann fiel Lisa etwas ein. „Ich hab dir was mitgebracht", sagte sie zu dem Langohr ohne Ohren. „Gummibärle. Die magst du doch so. Gib mal her, Vitzliputz!"
Doch Vitzliputz fand, so sehr er auch suchte, kein einziges Gummibärle im Rucksack. „Der war's!" sagte er und deutete auf den schlafenden Jockel.
Lisa schüttelte den Kopf. „Das tät mein Jockel nie. Der frisst keine kleinen Bären."
„Dann sind sie abgehauen", erklärte Vitzliputz vergnügt. „Wollten halt nit gefressen werden von so einem alten Esel."

Eine Hand legte sich auf Lisas Schulter. „Unser Esel gefällt dir wohl, Kleine?" Es war der Aufseher, der dafür sorgen musste, dass alle Besucher – ohne einen Heiligen oder ohne den Esel unterm Arm – nun den Saal verließen, weil das Museum gleich schließen würde. „Der ist unser Prachtstück. Kannst ihn ja wieder mal besuchen. Oder seinen Großvater dort." Er zeigte auf einen zweiten, etwas größeren Esel, der weiter vorne stand und noch mehr vom Zahn der Zeit zernagt war.
„Aber für heute ist Schluss. Die Bilder und Figuren brauchen ihre Ruh."
Lisa streichelte zum Abschied die nicht vorhandenen Ohren, Vitzliputz rutschte dem alten Freund schnell noch den Buckel hinunter, machte eine Art Kratzfuß vor dem Herrn, sprang in den Rucksack, und dann zottelten sie ab. An der Tür drehte Lisa sich noch einmal um.
In diesem Augenblick fiel ein Abendsonnenstrahl durch eines der großen Fenster auf den stillen Reiter, der segnend die rechte Hand hob. Alle Finger waren dran. Auch die schönen langen Ohren des Esels leuchteten im milden Licht.
„Jetzt sind sie wieder ganz", sagte Lisa zufrieden.

„Den Roll-Esel hätt ich gern“, sagte Lisa zu der Frau an der Kasse.

„Such ihn dir selber heraus, Kind. Ich hab gerade zu tun. Und sei nett zu ihm.“

„Klar“, sagte Lisa. „Jeden Tag werd ich seine Ohren streicheln.“

„Ohren? Der hat doch gar keine mehr.“

„Das macht nix“, sagte Lisa. „Es sind nämlich inwendige Ohren. Ich hab sie genau gesehen. Wegen meinem Geburtshasen. Ein sehr schönohriger Esel ist das.“ Und steckte den Esel in die Tasche.

KAPITEL FÜNFZEHN

Vitzliputz muss ste-her-ben!

Heiß war's. Alle Leute schwitzten, am meisten schwitzte der heilige Georg in seiner Rüstung. Nur Vitzliputz nicht. Als Teufel vertrug er die schlimmste Hitze. Und Jockel verschlief sie in Lisas Rucksack.

Sie hockten, wie fast immer, auf dem Rand des Brunnens vor dem Hauptportal.

„Toll war's in dem Bild vom Seevogel neulich, Vitzliputz", sagte Lisa. „Das Blau war so kühl! Fast wie im Schwimmbad."

Er nickte. „Da läuft einem ja das Wasser im Maul zusammen."

„Na, hör mal! Ein Bild kann man doch nicht essen."

„Aber Schupfnudeln mit Sauerkraut." Er schnüffelte nach der Bude hinüber, vor der eine hungrige Schlange stand.

„Mein Magen hängt schon ganz tief und ist sehr, sehr traurig. Sauer macht lustig."

Lisa stellte sich taub.

„Teufele muss ste-her-ben
ist noch so jung, so jung,
an Hunger ste-her-ben,
gleich fällt es um", sang Vitzliputz mit zittriger Stimme. Er schwankte vor lauter Schwäche hin und her.

„Mein ganzes Taschengeld verfrisst du!“ sagte Lisa vorwurfsvoll. „Und mit über sechshundert Jahren bist du auch nicht mehr so jung.“

„Wenn ich umfall“, sagte Vitzliputz, „kann ich dir das Bild nit zeigen, in das ich hineingefahren bin. ’S ist schad um mich, arg schad! Und schad ums Bild! Hörst ihn nit?“

„Wen meinst du?“ fragte Lisa.

„Meinen Magen.“

Lisa drückte ihren Kopf an Vitzliputz.

„Es rumpelt und pumpelt in deinem Bauch herum. Ganz arg.“

Und weil er so guckte, erbarmte sie sich, stellte sich an den Schwanz der Schlange und kaufte ihm eine Portion.

„Nudel schupf,
ins Maul schnell hupf!
Sei nit faul,
hupf ins Maul!“ sang Vitzliputz. „Ich glaub, ich fall doch nit tot um.“

Dann schaute Lisa zu, wie eine Schupfnudel nach der andern zwischen seinen spitzen Zähnen verschwand. Nachdem er sie alle weggeputzt, kein Fitzelchen Sauerkraut mehr übrig gelassen und auch noch den Pappteller gefressen hatte, fuhr Vitzliputz sich übers Maul und sagte zufrieden: „Jetzt geht’s wieder. Jetzt zeig ich dir was. Im neuen Haus. Wirst dich wundern. Hau Rucksack!“

Und schon waren die beiden – nein, die drei – wieder unterwegs.

Alles schwebt im SECHZEHNTEN KAPITEL

Im neuen Haus konnte Vitzliputz sich wieder mal nicht entscheiden, wo es langgehn sollte. Und Lisa konnte den Mann an der Kasse ja schlecht fragen: Wo bitte ist das Bild mit dem Teufel drin, der in meinem Rucksack hockt und den Sie nicht sehen können, weil Ihr linker großer Zeh bestimmt genau so dick wie der rechte ist, weil Sie keine sieben Sommersprossen auf der Nase haben und keinen Geburtshasen wie ich, und weil der Teufel im Bild drin auch gar nicht wie ein Teufel aussieht, sondern wie was anderes, in das er hineingefahren ist?

Deshalb gingen sie zunächst einmal auf die Suche. Die Suche dauerte zehn Räume lang. Endlich, im elften, zog Vitzliputz Lisa am Ohr und deutete mit spitzen Krallenfingern auf die Wand.

Lisa ließ sich auf einen Hocker plumpsen.

„Zu stinken brauchst du heut nicht, Vitzliputz. Ist ja sonst keiner da."

„Ich tu's für dich", schlug er vor. „Ganz toll!"

Aber Lisa verzichtete. Sie öffnete den Rucksack, Vitzliputz kletterte heraus, dehnte sich, streckte sich.

Gleich kriegt er seinen Rappel und saust wieder wie ein Wilder herum, dachte Lisa.

Doch Vitzliputz sauste nicht. Im Gegenteil. Er legte den Finger auf den Mund: „Psssst!"

„Warum psssst?"

„Es hat's gern leis", flüsterte Vitzliputz.

„Wer?"

„Es." Wieder zeigte er an die Wand. „Musst vorsichtig gucken. Sonst kriegt's einen Schreck."

Lisa näherte sich auf Zehenspitzen dem kleinen Bild, das es gern leise hatte, und betrachtete es ganz vorsichtig.

„Da ist ja gar nichts drauf", sagte sie nach einer Weile enttäuscht.

„Ist doch was drauf", behauptete Vitzliputz.

„Na ja, richtig leer ist es nicht. Ich seh schon was. Aber das ist doch nichts Richtiges, Vitzliputz. Nur Farben und Flecke und Striche. Nichts ist drauf, was ich kenn: Häuser, Bäume, Leute. Hund, Katze, Maus. In dem andern Bild neulich war was. Ein blauer Vogel."

„Ohne Sach, ohne Leut,
macht's Lisa keine Freud.
'S ist baumlos, 's ist hauslos,
's ist hund-katz-und mauslos", wiederholte Vitzliputz vergnügt. Das Spielen mit Buchstaben und Wörtern war nun mal seine Spezialität.

Lisa war sauer. Sie setzte sich einfach auf den Boden.

„Mir tun die Füß weh. So lang bin ich herumgelaufen. Ich glaub, der kann gar nicht richtig malen, der das gemalt hat. Blödes Bild!"

Vitzliputz grinste. „Blöde Lisa!"

„Blödes Bild!" sagte Lisa beleidigt. Und lauter.

„Blöde Lisa!" rief Vitzliputz, noch lauter.

Die ärgerte sich. „Er hätt doch was Richtiges malen können. Wo ich doch extra wegen ihm gekommen bin. Eine Blume oder eine Sonne. Irgendwas halt. Aber der kann nix. Der hat einfach irgendwas hingeschmiert. Auf so einen alten, schiefen, fransigen Stoffetzen. Den hat er angemalt. Ganz wässrig. Mit so einem hellen Rosa. Braun ist auch da drin. Und dann hat er noch mehr Zeug draufgemalt. Komische Sachen. Gefällt mir nicht. Kein bisschen."

„Was für Sachen?" wollte Vitzliputz wissen.

Lisa zählte auf, was sie sah und was ihr nicht gefiel:

„Einen kaputten Ball. Oder Kreis. Drei rote Teile hat der.
In den kann man hineingucken."

Vitzliputz guckte hinein.

Lisa fuhr fort:

„Aber der ist nicht schön gemalt, sondern richtig schlampig.
Innendrin liegt was Schwarzes. Das mag ich nicht."

Vitzliputz machte ein trauriges Gesicht.

„Dich mag ich aber trotzdem, Vitzliputz."

Vitzliputz strahlte wieder.

„Über dem Schwarzen liegen zwei dünne Striche. Wie kleine Balken.
Jeder ist anders braun.

Dann ist noch ein Kreis da. Aber der ist nur eine Linie. Sehr mickrig.

In dem Kreis fahren Stücke von Farben herum. Eins schwarz, eins rot, eins blau, eins grün. Alle sind schief und krumm.

Das blaue liegt auf einem dünnen krakeligen blauen Strich. Das fällt gleich um.

Und da oben ist ein kleiner dunkelbrauner Kreis. Der bockelt an den gezeichneten Kreis.

Darunter ist so was wie ein Blatt, auch bräunlich.

Auf der andern Seite stößt der Kreis an einen verlaufenen Strich. Nicht mal richtige Striche kann der Maler malen.

Und noch ein Kreis ist da, ein grüner, weiter oben. Auch verlaufen. Mit einem Stiel in sich drin. Und ganz durchsichtig.

Daneben ist ein ganz kleines Viereck. Auch grün. Auch schief.

Und Buchstaben sind da, ganz dünne. Kann man fast nicht lesen.

Aber was Richtiges seh ich nicht.

Blödes Bild!"

Lisa gähnte. „Ganz müd bin ich jetzt.“ Sie machte die Augen zu.

Still war’s.

Sehr still.

Sogar Vitzliputz hielt den Mund.

Jockel sowieso.

Man hätte eine Stecknadel fallen hören.

War aber keine da.

104

Vitzliputz schlich ganz vorsichtig zu dem Bild, kletterte an der Wand hinauf, stupste mit dem Finger die merkwürdigen Gebilde an.

„Ich hör was“, sagte Lisa überrascht. „Es ist, wie wenn zwei Seifenblasen aneinanderstoßen. Klingt ganz zart. Und sie sind immer noch da. Die Sachen im Bild. Die Kreise, die Linien, die Farben. Obwohl ich die Augen zu hab. Aber sie bewegen sich auf einmal. Ganz, ganz leise. Sie schweben.“

Die leichten Dinge veränderten die Lage. Das Grün sank ein bisschen tiefer. Die bunten Formen innerhalb der feinen braunen Kreislinie wanderten aus und waren nun im Freien. Und –

„Ich glaub, das Schwarz in dem roten Kreis will auch hinaus“, sagte Lisa. „Das Rot hat sich oben auseinandergeklappt, damit es hinauskann. Und das kleine grüne Viereck sitzt jetzt oben auf der braunen Linie, an die der Kreis anstößt –“

„Und jetzt?“ fragte Vitzliputz.

„Jetzt – wart mal – jetzt fliegt der braune kleine Kreis hinauf zu dem grünen Kreis. Sie berühren sich. Ganz leicht. Sagen sich guten Tag. Oder gut’ Nacht. Und jetzt schweben sie wieder auseinander –“

„Und jetzt?“ fragte Vitzliputz.

„Jetzt – jetzt drehen sich alle Kreise im Kreis. Ganz langsam, wie in Zeitlupe. Alle in einer Richtung – sieht hübsch aus – jetzt dreht der rote sich nach links – der grüne nach rechts – jetzt schweben sie aufeinander zu – und wieder voneinander weg – sie spielen miteinander. Und ich seh alles, obwohl ich die Augen zu hab und gar nicht auf das Bild schau.“

Wieder war es still. Sehr still.

Vitzliputz hatte sich zu Lisa auf den Boden gesetzt, den Finger auf dem Mund.

Jockel sagte erst recht nichts. Und das sowieso.

Still war's. Ganz still. Der ganze Raum war voller Stille.

Lisa war auch voller Stille.

Dann sagte Lisa: „Mir fällt was ein."

„Was denn?" fragte Vitzliputz.

„Hör mal zu!" Und Lisa sagte ganz langsam:

„Da schlich das kleine Blau verstohlen
hinaus, das kleine Gelb zu holen."

Vitzliputz guckte dumm.

„Das ist nämlich aus einem Buch, das meine Oma mir mal geschenkt hat, da war ich noch klein. Es heißt ‚Das kleine Blau und das kleine Gelb'. Die erleben miteinander Abenteuer. Das Blau ist aber einfach nur ein Blau, sonst nichts."

„Kein Wasser?" fragte Vitzliputz.

„Nein, kein Wasser. Nur blau."

„Keine Glockenblum?" fragte Vitzliputz.

„Nein, keine Glockenblum. Nur blau."

„Kein blaues Aug?"

„Nein, kein Aug. Nur blau."

„Siehst", sagte Vitzliputz, „'s geht auch ohne was dabei. Ein Blau, das nur blau ist. Sonst nix. Und das kleine Gelb? Ist's eine Sonn?"

„Nein", sagte Lisa, „keine Sonne. Nur einfach gelb ist das Gelb."

„Keine Butterblum?"

„Nein", sagte Lisa, „keine Butterblum. Nur gelb."

„Kein Dotter von einem Ei?"

„Kein Dotter", sagte Lisa. „Das Gelb ist halt gelb. Sonst gar nix."

„Siehst", sagte Vitzliputz, „'s geht auch ohne was dabei. Ein Gelb, das nur gelb ist."

Lisa machte die Augen auf und schaute wieder das Bild an. Ihr war, als sehe sie es auf einmal mit anderen Augen.

„Ich glaub", sagte sie, „der Maler von dem Bild ist doch nicht blöd. Er macht es wie in der Geschichte. Das Rot ist nur rot, das Grün ist nur grün, das Schwarz ist nur schwarz. Und sonst gar nix."

Vitzliputz freute sich, dass Lisa das Bild nicht mehr blöd fand. „Einer malt eine blaue Blum“, sagte er. „Ein anderer malt ein Blau ohne Blum. Der find das Blau am schönsten, ohne was dazu. Nur die Farb.“

„Der Maler vom Jüngsten Gericht hat auch Farben gemalt“, sagte Lisa. „Aber immer mit was dabei: mit einem Gesicht oder einem Kleid oder einem Heiligenschein.“

„Die alten Maler haben's immer so gemacht“, erklärte Vitzliputz. „Nur Farben ohne was dazu haben die nit gekannt. Aber die Maler von heut machen's gern so. Die lassen die Sachen weg und malen nur die Farb. Als Fleck. Oder als Strich. Oder als Tupfen.“

„Wenn der Maler viel Farbe genommen hätt, könnten alle die Dinge hier nicht herumschweben“, sagte Lisa. „Meine Oma kommt auch die Treppe nicht hinauf, weil sie zu dick ist. Aber weil die Farben so durchsichtig sind, oder so zart, können sie's. Weißt du was, Vitzliputz? Das ist ein Mai-Bild.“

Vitzliputz kratzte sich am Kopf und wusste nicht, warum das ein Mai-Bild sein sollte.

Lisa deutete in die obere Bildecke. „Da steht was, das kann ich lesen. ‚Mai‘ steht da. Im Mai ist ja alles noch zart. Und leicht. Wie hier.“

Vitzliputz rutschte unruhig hin und her. Lisa merkte wohl, dass er zu lange still gesessen hatte. Das ging nun mal gegen seine Teufelsnatur.

„Aber eigentlich passt du gar nicht richtig in so ein Bild hinein“, sagte sie kritisch. „Wo steckst du denn?“

Er grinste. „Hab den ganzen Tag rumgeteufelt. Hab den Tauben Federn aus dem Schwanz gerupft, wenn sie mir zu nah gekommen sind. Hab die Hosanna poliert, dass sie schön glänzt. Mit Spucke. Hab dem Georg seinem Drachen Schimpfwörter beibracht, der hat sie dem Georg gesagt, der Georg hat geflucht, der heilige Lambertus auf der Säul hat mit dem Georg geschimpft, das Kind auf dem Arm von der Maria auf der andern Säul hat gelacht und den Schluckauf gekriegt. Schön war's! Bin dann über die Dächer gesaust und durchs Fenster geklettert ins neue Haus, bin auf dem Geländer nauf- und nuntergerutscht, dann hab ich das Bild gesehen. Die drei roten Dinger da und das Schwarz drin. Bin auf einmal schrecklich müd geworden, bin hineingeschlupft und eingeschlafen.“

Lisa fiel noch etwas zu dem Bild ein. Doch als sie den Mund aufmachte –

„Psssst!“ sagte Vitzliputz, wie am Anfang, als sie gekommen waren. „Psssst!“

„Was ist?“ flüsterte Lisa.

„Jetzt will's seine Ruh haben, das Bild. Es mag's nit, wenn man so viel Wörter über es macht.“

Weil Lisa das gut verstehen konnte, schlichen sich beide hinaus. Das heißt, nur Lisa schlich. Vitzliputz hockte ja im Rucksack. Aber auch ganz, ganz leise. Nur Jockel schnarchte laut. Er war halt eher ein unkünstlerischer Bär.

„Das Bild hätt ich gern, auf dem –“. Dann fiel Lisa ein, dass sie den Namen des Bildes nicht wusste. „Also“, sagte sie, „es ist wenig drauf. Ein bisschen Mai. Und Farben. Und Striche.“

„O je“, sagte der Mann, „Farben und Striche sind fast auf allen Bildern. Mehr oder weniger.“

„Aber bei dem sind sie ohne alles. Und sie sind trotzdem sehr schön. Und zart. Und seifenblasenleicht. Es sieht aus, als ob ein Wind durch das Bild geht. So!“ Und Lisa blies – oder hauchte – ganz vorsichtig dem Mann ins Gesicht.

„Ein Wind geht durch das Bild“, wiederholte der. „Aha. Sowas!“ Er kratzte sich am Kopf, wie vorhin Vitzliputz.

„Ja. Ein ganz leichter. Da ist es!“ Sie hatte das Bild im Ständer entdeckt.

Der Mann strich über Jockels Ohren. „Was sagt denn dein Bär zu den Bildern?“

„Der ist ganz weg davon.“

„Sein rechtes Auge auch.“

Das war Lisa noch gar nicht aufgefallen. „Ich glaub, er hat es sich aus dem Kopf geguckt“, erklärte sie. „Mein Vati setzt ihm ein neues ein.“

Lisa lag im Bett, Jockel am Fußende. Sie dachte noch einmal an das Bild. Einmal mit offenen Augen, dann mit geschlossenen.

„Was man so alles sieht, wenn man die Augen zumacht“, murmelte sie. „Stimmt's, Jockel?“

Jockel machte sein einziges Auge auf und gähnte.

„Weißt du was?" fragte Lisa.

Er schüttelte traurig den dicken Kopf und wusste nichts.

„Dann sag ich's dir: Die Striche und Kreise und all die Sachen auf dem Bild heute – die sind nicht wie die Striche und Kreise, die wir in der Schule machen. Die Schulstriche und Schulkreise müssen immer ganz gerade sein und ganz genau. Wie bei den Soldaten. Die dürfen nicht wackeln und verlaufen, und herumfliegen schon gar nicht. Die müssen immer die Luft anhalten. Die dürfen nicht schnaufen. Aber die im Bild – die schnaufen. Wie ich. Und wie du."

Doch Jockel schnaufte nicht, Jockel schnarchte schon wieder.

Dann schwebte Lisa neben dem durchsichtigen Grün durch einen weiten Raum. Vor ihr tanzte das kleine Viereck. Weit unter ihr lag der rote Kreis. Auf einmal spürte sie eine große Sehnsucht. Es zog sie zum Kreis. Sie wünschte sich hinein. Wie Vitzliputz.

Und schon sank sie in die Tiefe.
Schon lag sie im Dunkel.
Ganz warm war das Dunkel.
Ganz geborgen fühlte sie sich.
Sie ahnte, etwas Wunderbares würde geschehen.

Mit ihr, Lisa.

Irgendwann.
Wenn die Zeit dafür gekommen war.
Dann würde sie herausschlüpfen aus dem Dunkel.

Aus dem Nest.
Aus der Schale.
Aus dem Rot.
Und dann –

Ja, dann –

Im SIEBZEHNTEN KAPITEL

will Lisa heiraten

Lisa hängte die Füße in eins der Bächle, die durch Freiburgs Straßen plätschern. Schön kühl war's und beinah sauber.

Vitzliputz machte es ihr nach. Jockel döste lieber im Trockenen, das heißt im Rucksack.

Sehen konnten die Leute natürlich nur Lisa. Und nur Lisa konnte Vitzliputz sehen, der herumspritzte und -saute, dass es eine Art hatte. Dann hockten die beiden einfach nur so da, beguckten alle, die vorbeikamen und spielten ein Spiel, das ging so:

Lisa sagte: Der zweite von rechts gehört mir. Und dann sagte sie, was sie damit machen würde, egal, ob es ein Er, eine Sie oder ein Es war. Etwa: Ich streck ihm die Zunge heraus. Dann warteten sie, was da von rechts um die Ecke kam, ein Kinderwagen oder ein Hund oder eine feine Dame oder ein Auto. Dann musste Lisa es tun. Dazu brauchte sie viel mehr Mut als Vitzliputz. Dessen Zunge war ja unsichtbar, wem immer er sie herausstreckte.

Das spielten sie nun seit einer halben Stunde.

Gerade war Lisa dran. „Der dritte von links gehört mir."

„Und was machst damit?" fragte Vitzliputz.

Lisa sagte kühn: „Heiraten."

Aber als sie den jungen Mann, der um die Ecke schlurfte, genauer ansah, verzog sie das Gesicht.

„Ich glaub, den heirat ich lieber nicht, Vitzliputz, der ist mir zu pickelig. Und er hat einen Ring in der Nas."

„Zum dran Ziehen", sagte der. „Hättest es machen sollen wie die Jungfer Bärbel. Dann hättest gewusst, was dir blüht."

„Die Jungfer Bärbel? Die kenn ich nicht."

„Die ist eine lustige Dirn. Hat eine Stupsnas und Sommersprossen. Mehr als du. Die hat nit die Katz im Sack gekauft."

„Was für eine Katz, Vitzliputz?"

„Ich mein, ein Mannsbild. Die hat ihn vorher beguckt in aller Ruh."

„Kennst du ihn? Wie hat er denn ausgesehen?"

„Hihi!" kicherte Vitzliputz. „Kenn ihn gut, den jungen Kerl."

„Erzähl mal!"

„Seine Lieblingsspeis sind die langen dünnen Dinger gewesen mit dem scharfen Zeug drauf."

„Das sind Pommes", sagte Lisa.

Vitzliputz seufzte tief.

„Die haben wir oft mitnander gefressen."

„Wann denn?"

„'S ist an die sechshundert Jahr her."

Lisa machte ein misstrauisches Gesicht.

„So lang ist's her, dass ich keins von den langen dünnen Dingern mehr zwischen die Zähn gekriegt hab."

„Soso!" sagte Lisa. „Weißt du noch was von ihm?"

„Er hängt im alten August. Willst ihn sehn?"

„Bist du auch in den hineingefahren?"

„Und wie. Wir müssen dran vorbei."

„Wo dran vorbei?" fragte Lisa.

„Dort drüben. Wo's die langen dünnen Dinger mit dem roten Zeug drauf gibt, das so schön brennen tät auf der Zung, wenn man's hätt."

„Hau Rucksack!" rief Lisa.

Gleich darauf stand sie vor dem Pommes-Stand.

„Kriegst auch eins ab!" versprach Vitzliputz.

„Nein. Wir machen halbe-halbe", verlangte Lisa.

„Das reicht nit für einen armen, ganz verhungerten Teufel."

Schließlich einigten sie sich. Lisa kriegte vier Stück, Vitzliputz den schäbigen Rest von fünfundzwanzig. Und von dem roten scharfen Zeug bekam Lisa gar nichts. Das fraß Vitzliputz allein.

„Brennt höllisch!" Er grinste glücklich.

„Du hast ein ganz rotes Maul", sagte Lisa.

„Rotes Maul,
bin so faul,
Lisa ist mein Gaul", sang Vitzliputz und stieß Lisa leicht mit dem Huf in den Rücken. „Hopp hopp!"

Und Lisa galoppierte zum alten August, um den jungen Kerl zu sehen, den die Bärbel sich ausgesucht und mit dem Vitzliputz vor ein paar hundert Jahren Pommes gefressen hatte. Mit höllisch scharfer Soße.

In KAPITEL ACHTZEHN

ist fast alles grün

„Na, ihr zwei, wen besucht ihr heute?“ fragte die Frau vom alten August.

„Einen Mann“, erklärte Lisa. „Zum Heiraten.“

„Bist du nicht ein bisschen zu jung dafür?“

„Drum guck ich ja vorher. Ich will doch keinen Dings im Sack kaufen. Keinen –“

„Miau!“ brüllte Vitzliputz.

„Keinen Kater“, sagte Lisa und war schon unterwegs.

„Die macht's richtig“, sagte die Frau zu sich selber. „Guck auch, Isolde, vielleicht hängt dort sogar einer für dich!“

Sie standen vor der dunklen schweren Holztür, die in den Raum mit dem Paradies führte. Und noch einer stand da, ein großer Mensch in einem roten Gewand, auf dessen Schulter ein kleines Kind saß.

„Den kenn ich! Meine Oma in Staufen hat auch so einen, aber klein, auf einer Münze, die klebt vorne in ihrem Auto. Das ist der Christophorus, der passt auf, dass sie keinen Unfall baut. Aber der Papst hat mal gesagt, es gibt ihn gar nicht, und da hat sie den Christophorus weggeworfen. Am nächsten Tag hat sie eine Delle ins Auto gefahren und den Christophorus wieder aus dem Mülleimer geholt und gesagt, es sei ihr egal, ob es ihn gebe oder nicht, wenn er nur hilft.“

Lisa nickte dem Heiligen freundlich zu, und sie gingen hinein.

„Da hängt er!“ sagte Vitzliputz.

„Aber das ist doch eine Frau“, sagte Lisa erstaunt.

„Das ist kein Weibsbild. Ist ein Mann, ein junger. Gefällt er dir?“

„Erst mal genauer besichtigen“, sagte Lisa und nahm – wie damals die Jungfer Bärbel – den jungen Mann unter die Lupe.

„Der hat aber eine weiße Haut. Und so langes lockiges Haar. Fein ist er angezogen. Das sieht aus wie ein Damenkleid mit einem großen Ausschnitt, mit Goldfaden bestickt. Furchtbar elegant. Aber was hat er darüber? Was ist das für ein braunes Ding?“

„Ein Mantel ist's, Lisa.“

„Der hängt auch an einer goldenen Schnur. Oder Kordel. Und auf der anderen Seite, also rechts, trägt er sowas wie eine Jacke. Auch ganz schön verziert. Mit Perlen. Der ist bestimmt stinkreich.“

„Stinkreich“, wiederholte Vitzliputz vergnügt und –

Lisa blickte ihn strafend an. „So hab ich's nicht gemeint. Guck, wie der aus dem Bild guckt! Der tät nie stinken. Dazu ist der viel zu vornehm. Und er ist furchtbar sauber. Nicht wie der vorhin am Bächle. Pickel hat er auch nicht. Der wäscht sich bestimmt jeden Tag.“

„Wäscht sich unten, wäscht sich oben,
zu viel Wäsch ist nit zu loben“, dichtete Vitzliputz.

Das fand Lisa allerdings auch.

„Er hat einen Ring, aber nicht an der Nas, sondern am Daumen. Das ist komisch. Da hat man doch keinen.“

„Am Daumen steckt der Ring, das ist ein komisch Ding“, dichtete Vitzliputz gleich nochmal.

„Vielleicht will er zeigen, wie reich er ist. Ein bisschen angeben.“

Vitzliputz hielt sich mit den Füßen oben am Rahmen fest, hing kopfüber ins Bild und baumelte dem jungen Mann vor der langen Nase herum. Der guckte etwas säuerlich.

Lisa stellte noch mehr fest. „Er ist ja nur eine halbe Portion. Wie er unten weitergeht, sieht man nicht. Vielleicht hat er krumme Beine?“

„Oben hui und unten pfui“, schrie Vitzliputz.

So was lässt man sich nicht gern nachsagen. Der junge Mann guckte empört.

Aber das glaubte Lisa nun doch nicht.

„Eine Zipfelmütz wie der hätt ich auch gern", sagte sie neidisch. „Meine hat nur einen blöden Bommel. Ganz ohne Stern."

Vitzliputz war wieder groß in Dicht-Form:

„Eine Mütz mit Zipfel,
ist der höchste Gipfel!"

„Und hinter ihm ist etwas wie eine Höhle. In Freiburg gibt's viele Häuser mit einer Höhle in der Wand. Drin steht oft eine Figur. Irgend so ein Heiliger. Damit er alles gut sehen kann, was passiert."

„Und dass man ihn gut sehen kann", sagte Vitzliputz. „Wie den hier. 'S ist eine Nische, wie man sagt. Da hinein kommen nur die besseren Leut."

„Hinten ist es ganz dunkel. Drum seh ich das Gesicht gut, das ist so hell. Und um ihn herum ist alles grün."

„Hihi!" kicherte Vitzliputz. „Ist halt ein Grüner."

Lisa wurde es richtig grün vor den Augen. „Das halbe Bild ist ja grün. Erst mal die Nische. Rechts ist sie hellgrün, weil da Gelb drin ist, und Grau. Aber weiter hinten dunkelgrün. Links auch. Das ist wegen dem Schatten. Die Mütze ist anders dunkelgrün, ich glaub, mit ein bisschen Blau darin. Das glänzt wie Seide. Die Jacke ist ähnlich grün wie die Höhle. Die Verzierung am Ärmel ist wieder ein bisschen dunkler, das feine Hemd darunter ist Grün mit viel Schwarz. Und der Bilderrahmen ist mehr blaugrün. Sogar in den zwei Bändeln oben ist ein bisschen Grün."

Dann legte sie los. Ein Lied, das sie schon oft im Radio gehört hatte: „Es grünt so grün, wenn Spa-niens Blü-ten blühen …"

„Im Museum singt man nicht", sagte eine empörte Stimme.

Lisa drehte sich erschrocken um.

„Warum nicht?" fragte sie.

„Wegen der Kunst", sagte die Frau. Nein, Dame. Mindestens. Sehr vornehm. Und uralt. Bestimmt über vierzig war die und ganz eckig. Ihr Hut auch. Und ihre Stimme.

„Mag die Kunst nicht, wenn ich ein bisschen singe?"

„Kunst", sagte die eckige Dame, „ist etwas Ernstes. Etwas Großes. Etwas Erhabenes."

„Oh! Hab ich nicht gewusst", sagte Lisa.

„Einem Kunstwerk nähert man sich nicht mit Singen, sondern mit Ehrfurcht."

„Der auf dem Bild sieht aber nicht zum Fürchten aus", fand Lisa.

„Vor einem Kunstwerk", sagte die Vornehme, „benimmt man sich."

„Wie?" fragte Lisa.

„Entsprechend. Man macht keine Faxen."

Vitzliputz war anderer Meinung. Er sprang der Dame von hinten auf die Schultern, versteckte seinen Kopf hinter dem ihren, so dass nur seine Hörner über der dauergewellten Frisur aufragten.

Lisa prustete los. „Sie sind ja ein Teufel! Nein, eine Frau Teufel. Eine Teufelin.“

Die eckige Dame sah sie vernichtend an.

Vitzliputz machte eine Zugabe und stank.

Lisa schnupperte. „Das ist aber auch nicht ehrfürchtig, was Sie da eben gemacht haben“, rief sie.

Die Dame zog ebenfalls die Luft durch die Nase und verschwand.

„Also nochmal! Es grünt so grün, wenn Spa-niens Blü-ten blü-hen!“ schmetterte Lisa, und Vitzliputz schmetterte mit, so laut und so falsch er konnte.

„Das ist nämlich ein Musical, Vitzliputz, wo die Leute tanzen und singen. Aber“ – sie betrachtete den Grünen kritisch – „der hier tanzt und singt bestimmt nicht. Ganz ernst sieht er aus. Und bleich ist er. Wie's Kätzle am Bauch.“

Lisa reckte ihren braunen Hals zum Vergleich mit dem des jungen Mannes. „Bist du krank?“ fragte sie ihn mitleidig.

„Dem fehlt nix“, schrie Vitzliputz. „Weiß ist eine vornehme Farb gewesen, Lisa. Wer eine weiße Haut gehabt hat, damals, der hat nit müssen schaffen. Für den haben andere geschafft.“

„Ich hab neulich in der Schule eine Eins mit Stern gekriegt“, sagte Lisa. „Weil ich mir eine schöne Geschichte ausgedacht hab. Von einem Auto, das immer den Schluckauf kriegt. Der hier ist ein Mann mit Stern. Aber nicht wegen einer Geschichte. Der hat viele Sterne. Einen großen an der Mütze, das ist eine Brosche. Und kleine Sternchen im Schwanz von der Mütze. Auf dem Ärmel ist auch ein Stern. Ein“ – sie zählte – „ein Neunsternebild ist das.“

„'S Gesicht weiß wie ein Käs,
grün ist sein Häs,
guldig ist der Stern
vom reichen Herrn“, sang Vitzliputz.

„Und überall sind Kringel. Das ist ja ein ganz kringeliges Bild. Die Haare kringeln sich. Die Verzierung auf dem Ärmel kringelt sich. Und oben in den Ecken kringelt sich auch was. Das sind Bändel, die wickeln sich um etwas herum, sieht aus wie ein Ast."

„Kringelig und pingelig", krähte Vitzliputz. „Pringelig und kingelig und kringelig und pingelig!" Er war heute wirklich besonders albern.

„Ich find ihn ein bisschen affig", sagte Lisa.

„Affig!" wiederholte Vitzliputz begeistert. „Das ist ein schönes Wort!" Und dann sang er:

„Affig, affig, affig,
affig ist der Mann.
Und wenn der Mann nit affig wär,
dann guckt' ihn keine an."

„Wer soll ihn denn angucken?" fragte Lisa.

„Die Jungfer Bärbel, von der ich dir erzählt hab."

„Die mit der Stupsnas und den Sommersprossen?"

„Diesselb."

„Wie heißt er denn?"

„Weiß nit mehr. Hinz oder Kunz. Oder Till. Oder Veit."

„Das war bestimmt so", sagte Lisa: „Er hat eine Heiratsanzeige aufgegeben, da steht drin, dass er eine sucht, für schöne Stunden und zum Pferdestehlen, die mit ihm durch Dickes und Dünnes geht. In Jeans und im Abendkleid. Das steht immer drin. Vati liest Mutti oft Anzeigen vor, und dann lachen sie sich halb tot. Dann hat die Bärbel ihm einen Brief geschrieben. Sie hat gefragt, wie er aussieht. Er hat sich fein gemacht und ist zu einem Maler gegangen und hat gesagt: Mal mich, aber so, dass sie Appetit kriegt. Und dann hat er ihr das Photo – ich meine, das Bild – geschickt."

„So ähnlich war's", sagte Vitzliputz. „Die meisten Brautleut haben sich vorher nit gekannt. Die Eltern haben den Handel ausgemacht. Und manchmal haben sie einander ein Bild gesandt. Sie hat seins gekriegt und er ihrs."

„Wo ist denn ihres?" fragte Lisa. „Die Bärbel möcht ich furchtbar gern sehen."

Vitzliputz zuckte die Schultern. „Weiß nit. Ihr Bild ist verschollen. Weg. Sie ist ein hübsches Ding gewesen. Mit Lachgrübchen in den Backen. Um die fünfzehn Jahr."

„So jung? Dann war sie doch noch in der Schule."

„Früher gab's keine Schul für die Weibsleut. Die saßen zuhaus, lernten kochen und nähen und das Maul halten, wenn der Mann was sagt. So war's nun mal der Brauch."

„Sowas!" sagte Lisa empört. „Meine Mutti, die hält das – die hält den Mund nicht, wenn Vati was sagt, was ihr nicht passt. Die hustet ihm was. Und wie alt ist er?"

„Nit arg. Nur an die sechshundert Jahr. Wie ich."

„Der sieht aber viel jünger aus", stellte Lisa fest.

„War ja nur ein Späßle. Auf dem Rahmen steht's. Ich les dir's vor: Nach – du weißt schon – nach dem Seiner Geburt –"

„Nach Christi Geburt", las Lisa mit –

„als man zelt 1490 iar –"

„Als man 1490 zählte – also im Jahr 1490 –"

„was ich 23 iar allt fur war."

„War ich 23 Jahre alt fürwahr. Hab ich alles verstanden, Vitzliputz. Der Maler hat ihn gemalt, als er 23 war. Wie heißt der Maler denn?" fragte Lisa.

Das hatte Vitzliputz jedoch vergessen. „Ist aber ein berühmter Meister gewesen, der hat viele schöne Bilder gemalt."

„Ja", sagte Lisa, „das hier ist ja auch sehr schön. Alles hat er so fein und deutlich gemalt. Besonders die Haare. Und man glaubt, man kann ihn anfassen, so echt sieht er aus. Viel echter als auf einem Foto. Erzähl mal, wie du in den Hinz oder Kunz oder Till oder Veit gefahren bist."

Und Vitzliputz erzählte, wie es gewesen war:

„Bin grad vorbeigerannt, einer Seel nach, wie der Meister an ihm herumgepinselt hat. Der Jüngling ist dagehockt mit seinem ernsten Gesicht. Seiner langen Nas. Seiner schneeweißen Haut. Seinem vornehmen Häs. Seinen vielen Stern und Ketten und all dem Glunkerzeug. Da hab ich die Seel fahren lassen. Da hat's mich gejuckt – kratz mich mal, Lisa!"

Nachdem Lisa ihn kräftig durchgekratzt hatte, fuhr er fort: „Und als das Bild fertig war, hat er's der Bärbel geschickt, die er nit gekannt hat, und sie nit ihn. Sie hat's ausgepackt und an die Wand gehängt. Und dann – Hihi! Hoho!"

„Und dann?" fragte Lisa gespannt.

„Hat sie's angeguckt."

„Ehrfürchtig?" fragte Lisa. „Ohne Faxen, wie die eckige Dame vorhin?"

„Geseufzt hat sie. Hat gesagt: ‚O je! Der guckt aber gar nit lustig!'"

„Und dann?" fragte Lisa weiter. „He, Vitzliputz, wo bist du denn? Ich seh dich nicht mehr."

„Bin wieder ins Bild hineingefahrn. Wie damals, als der Meister daran herumgepinselt hat. Pass auf, was ich mach!"

Der junge Mann rollte auf einmal mächtig die Augen. Richtige Glubschaugen waren es. Dann schielte er. Großartig. Dann wackelte er mit den Ohren. Erst mit dem rechten, dann mit dem linken, dann mit beiden zusammen.

Lisa war ganz weg.

Und weiter ging's: Der feine Jüngling hob den Finger und bohrte kräftig in der Nase. Dann brachte er ihn nicht mehr heraus.

Lisa kriegte keine Luft mehr vor Lachen.

„So ist's der Jungfer Bärbel auch gegangen", hörte sie Vitzliputz kichern. „Hat sich fast totgelacht. Ist sogar umgefallen. Sie haben den Pfarrer geholt, der hat gesagt: in dem Bild steckt der Teufel."

„Stimmt", sagte Lisa. „Und dann?"

„Hat er mit einem Wedel Weihwasser drüber gespritzt und zehn Vaterunser gebetet. Hat die Händ gerungen und geschrien: Fahr aus, du Höllengeist! Fort mit dir, du Satansbraten! Da bin ich ausgefahren mit einem Mordsgestank und Geschepper. Großartig war's. Ein feines Spektakel. Pass auf!"

Das Bild zitterte, wackelte, schwang an der Wand heftig hin und her. Vitzliputz fuhr mit Getöse und Gestank aus ihm heraus.

„Zeig's nochmal, Vitzliputz!" bat Lisa. „Was du mit dem Grünspecht alles angestellt hast."

Der war nur zu gern bereit. Lisa versuchte, alles nachzumachen, was er vorführte.

„Nit übel!" lobte er sie. „Aber kannst auch mit der Zung in deiner Nas bohren?"

Lisa gab sich große Mühe, aber das schaffte sie nun doch nicht. Vitzliputz hatte die längere, spitzere Zunge. Wenn das die ehrfürchtige eckige Dame gesehen hätte! Faxen im Museum! Jockel bekam – wie immer – von der großartigen Vorstellung nichts mit.

„Dann haben sie geheiratet", sagte Lisa, „und die Bärbel hat ihn den ganzen Tag gekitzelt, und er hat angefangen zu lachen und rote Backen gekriegt, und sie sechs Kinder, und jeden Tag haben sie Pommes gegessen mit scharfem roten Zeug. Aber wenn sie gewusst hätten, dass es damals noch gar keine Pommes gegeben hat, hätten sie bestimmt keine gegessen."

Vitzliputz schleckte sich noch nachträglich das Lügenmaul.

„Und wenn sie nicht gestorben sind, dann lachen sie heute noch."

Doch ob es so gewesen war, wusste Vitzliputz nicht genau.

„Kann sein, kann sein, auch nit. Bin gleich weitergezogen. In den Esel hinein. Den kennst ja. Kaufst ihn, den Grünspecht?"

„Klar", sagte Lisa. „Dann hab ich ihn auch. Wie die Jungfer Bärbel. Aber nicht zum Heiraten. Den häng ich nur an die Wand."

„Hast du einen gefunden?“ wollte die Frau wissen.

Lisa strahlte. „Er ist furchtbar reich und hat eine Mütze mit Sternchen dran.“

Sternchen und reich – das sei doch nicht schlecht, meinte die Frau.

„Aber ich glaub, er ist ein bisschen zu alt“, sagte Lisa. „Schon über sechshundert.“

„Dann würde ich die Finger von ihm lassen“, riet sie.

Lisa nickte. „Sagt mein Bär auch. Aber mitnehmen will ich ihn schon. Vielleicht gefällt er meiner Tante, die ist zur Zeit frei.“

Das Werk war fertig. Zufrieden betrachtete Lisa ihr Bild. Dann schrieb sie darunter: Das ist die Jungfer Bärbel. Da sie 15 iar alt fur war. Gemalt von Lisa. Die ist fast neun iar.

Dann hängt sie die beiden nebeneinander. Links den Hinz oder Kunz oder Till oder Veit. Rechts die Jungfer Bärbel.

KAPITEL NEUNZEHN

Ich seh etwas, was Du nicht siehst

Es war ein großartiger Anblick: Lisa, in der Hand eine Schnur, an der ein Sparkassenluftballon mit Ohren befestigt war, rannte ums Münster herum. Hoch auf dem gelben Ballon thronte Vitzliputz und ließ sich von seinen Freunden bewundern. Jedem brüllte er etwas Passendes zu.

Dem Wasserspeier: „Na, alter Kotzbrocken!"

Hinauf zum Posaunenengel: „Blas einen Tusch für Vitzliputz!"

Zum König David mit der Harfe: „Was macht Bathseba?"

Und zu Lisa: „Mit der hat er nämlich was."

Zu einem der griesgrämig blickenden Propheten: „Bist neidisch?"

Zu seiner Freundin, der nackigen Hex mit dem Bocksfell: „Willst auch mal?"

Zum heiligen Georg auf dem Brunnen: „Mich kriegst nit!"

Zum heiligen Lamm über dem Portal an der Südseite: „Määäääh!"

Und alle, alle sahen ihn, wie er, sich an den Ohren festhaltend, auf dem gelben Ball ritt und vor Stolz fast platzte.

„Du da droben", schrie er, „siehst mich auch?"

„Wen meinst du denn?" fragte Lisa.

„Den Drachen mit dem Zack auf dem Schwanz."

Lisa blieb stehen, reckte den Hals und sah die Wolke über der Turmspitze. „Das ist doch kein Drache", sagte sie. „Das ist – das ist ein Gesicht. Von einem Riesen. Mit einer langen Nas."

„Ein Drach ist's!" schrie Vitzliputz.

„Eine Riesennas!" rief Lisa. „Oder ein Kamel." Sie stupste eine Frau, die gerade einen Strauß Sonnenblumen kaufte und deutete nach oben. „Was ist das?"

Die Frau starrte erst in die Höhe, dann lachte sie. „Ich seh einen Elefanten. Mit zwei Rüsseln." Sie stupste die Marktfrau. „Und Sie?"

Die Marktfrau sah keinen Elefanten. Sie sah ihren verstorbenen Großvater. Mit Bart.

„Ein Freiburger Bobbele ist's!" schrie Vitzliputz. „Schmeckt saumäßig fein, so ein Bobbele. Aber nur, wenn man eins hat."

Lisa sah keins.

Aber weil für Vitzliputz auf einmal der ganze Himmel voller Bobbele hing, blieb ihr nichts übrig als in der nächsten Bäckerei eins zu kaufen.

Es lebte nicht lang. Weil Bobbeles nie lange leben. Das ist nun mal ihr Schicksal.

Lisa betrachtete wieder die Wolke überm Turm. „Jeder sieht was anderes drin, Vitzliputz", stellte sie fest. „Bei den Bildern im Museum ist es nicht so. Wenn man ein Bild anschaut, sehen alle das, was der Maler gemalt hat."

„Stimmt nit!" rief Vitzliputz.

„Aber den Grünling hast du doch auch gesehen. Und den nackigen Kaiser. Den blauen Vogel. Wie ich."

„Die schon", rief er. „Aber einmal bin ich in ein Bild gefahren, bei dem's nit so ist. Im neuen Haus hängt's."

Und schon waren sie unterwegs dorthin. Lisa zu Fuß, Vitzliputz auf seinem Ballon, und Jockel hatte diesmal den Rucksack ganz für sich.

Der Mann an der Kasse des neuen Hauses kratzte sich hinterm Ohr bei dem seltsamen Anblick.

„Das ist ein Luftballon", teilte Lisa ihm mit.

„Was du nicht sagst!"

„Mit zwei Ohren."

„Tatsächlich."

„Es sitzt aber niemand drauf", sagte Lisa. „Nicht, dass Sie meinen."

Der Mann meinte nicht, dass irgendwer auf dem Ballon sitze. Er meinte nur, er wisse nicht, ob der Ballon mit zu den Bildern dürfe.

„Aber er ist schön gelb", sagte Lisa. „Da passt er prima zu den andern Bildern. Weil die auch farbig sind."

„Ja, wenn man's so sieht!" sagte er erleichtert. „Dann geht das. Dann handelt es sich bei deinem Ballon um Kunst. Dann lassen wir ihn hinein."

Und so ritt – oder schwebte – Vitzliputz auf seinem gelbem Ballon durch die Räume des neuen Hauses. Nickte hier, nickte da den andern Kunstwerken zu. Fühlte sich wie damals, als er in den Esel gefahren und unter den Jubelrufen der Leute auf der großen Mauer herumgerollt war.

Das ZWANZIGSTE KAPITEL

ist etwas für Leute mit Phantasie

123

„Wenn wir nicht gleich da sind", sagte Lisa, „kehr ich um. Du musst ja nicht laufen."

Vitzliputz kommandierte sie nach Herzenslust hin und her, treppauf und treppab, und Lisa hatte das Gefühl, dass er genau wusste, wo sein Bild hing, aber diesen Umweg machte, weil er so gern auf dem gelben Ballon ritt.

„Da ist's schon!" schrie Vitzliputz.

Sie standen vor einem kleinen Bild.

„Das ist aber voll!“ sagte Lisa.

Vitzliputz fand das auch.

„Voll von Farben. Striche sind auch drauf. Dünne und dicke. Schau, hier ist ein ganz dicker.“

Vitzliputz sprang mit einem Satz – wie es seine Art war – vom Ballon aus in das Bild hinein und flitzte auf der dunklen Linie hin und her. Trotz wehem Huf. Wie die Fliege an der Wand. Nur, dass Fliegen keine Hörner haben und keinen Schwanz, mit dem sie wedeln können.

„Sieht beinah aus wie eine Schnecke“, sagte Lisa. „Und du bist eine Vitzliwuzz! Verschmierst die Farben mit deinen Dreckpfoten und deinem Schwanz.“

„Ich pass schon auf“, schrie er zurück. Jetzt hockte er auf einem leuchtend gelben Fleck im unteren Teil des Bildes.

Lisa wunderte sich, dass er nicht herunterpurzelte. „Hast du Uhu am Hintern, Vitzliputz?"

„Den Uhu braucht's nit. Ein Teufel kann überall hocken und klettern und krabbeln und kraxeln. Der fallt nit auf die Nas."

Und weiter ging's. Er hüpfte durchs ganze Bild wie ein Frosch und quäkte dazu:

„Jetzt hupf ich kühn
ins grüne Grün,
und dann mit Fleiß
ins weiße Weiß.
Jetzt hupf ich, schau,
ins blaue Blau.
Im Rot ist's schön,
kannst mich drin sehn?
Nun hock ich keck
im gelben Fleck.
Jetzt bin ich weg.
Findst mein Versteck?"

Lisa schaute vergnügt seiner Hüpferei zu. „Klar seh ich dich, Vitzliputz. Du hockst gerade im Auge von einer Kuh. Das ist der helle Kreis da. Mit dem roten gebogenen Strich drin."

„Muh!" brüllte Vitzliputz übermütig. „Muuuuuuh!"

„Vielleicht ist es die Kuh in dem Märchen, das Mutti mir oft erzählt hat. Zu der – ich mein, zur Kuh, nicht zu Mutti – sagt der Prinz immer: ‚Und du, schöne bunte Kuh, was sagst du dazu?'"

„Muh!" brüllte Vitzliputz wieder. „Muuuuuuuuh! Was siehst noch dazu, zu der schönen bunten Kuh?"

„Wart mal – ich glaub, einen Vogel!" rief Lisa überrascht. „Die Kuh guckt zu ihm. Er hat einen roten Schnabel und einen grünen Kopf und ein blaues Auge – und am Schwanz – das ist der Vogel mit den goldenen Federn, Vitzliputz, der kommt auch im Märchen vor."

„Was siehst noch dazu,
zum Vogel und zur Kuh?" fragte Vitzliputz gespannt.

„Ich seh – ich seh – einen kleinen Mann neben dem Vogel, der hat etwas in der Hand. Vielleicht ist es der Königssohn aus dem Märchen? Oder es ist jemand ganz anderes. Ein Bauer, der schafft auf seinem Acker. Ich seh gar nix so ganz genau, wie auf dem Bild neulich im alten August. Aber ich seh es doch."

„Was siehst noch dazu,
zum Bauersmann,
oder zum Prinz,
zum goldenen Vogel
und zur schönen bunten Kuh?“ sang Vitzliputz.

„Da sind auch Felsen, glaub ich. Über dem Vogel. Ganz spitz sind die und grau. Um sie herum sind schwarze Linien. Im Bild drin ist aber viel mehr los. Da sind die meisten kleinen Farbflecke. Der dicke schwarze Strich geht um sie herum. Wie eine Mauer. Die Farbflecke außen sind größer. Die am Rand sind am größten.“

Vitzliputz war – wie eigentlich fast immer – wieder in Dichterlaune:

„Im Bild ist was los.
Viel Klein und viel Groß.
Viel Strich und viel Flecken
kann man drin entdecken.“

„Gut, dass dich keiner hört“, sagte Lisa. „Der müsste ja denken: Die Lisa hat aber eine komische Stimme. Wie eine alte Gießkanne.“

„Du hörst's doch“, schrie Vitzliputz. „Und ich hör's auch. Und die Farben auf dem Bild. Die freuen sich. Siehst nit, wie die sich freuen? Siehst nit, wie die strahlen, weil sie mich wiedersehn, ihren lieben alten Vitzliputz?“

„Ja, ich seh's“, sagte Lisa. „Und ich glaub, ich weiß auch, wie der Maler es gemacht hat, dass sie so leuchten. Neben einer Farbe hat der Maler oft eine gemalt, die ganz anders ist. Grün neben Rot.“

„Gelb neben Blau“, rief Vitzliputz.

„Oder Blau neben Rot. Eine Farbe ist hell, die andre dunkel. Oder eine ist ganz leuchtend, die nebendran leuchtet weniger. Der Maler hier ist nicht wie der Maler vom alten August, der fast überall Grün dazutut. Hier ist's lustiger. Und der Maler hier ist auch nicht so pingelig. Schau, manchmal guckt noch das Papier durch. Und man sieht Striche von einem Bleistift. Ich glaub, Vitzliputz, der hat mit so was Ähnlichem wie Wachsstiften gemalt. Nicht mit nassen Farben und Pinsel.“

„Siehst noch was?“ fragte Vitzliputz. Aber Lisa schüttelte den Kopf.

„Gleich siehst noch mehr. Augen zu!“ befahl Vitzliputz. Lisa gehorchte und war gespannt.

Vitzliputz zählte auf zehn. Und weil er nicht wie Lisa in eine Schule gegangen war, um rechnen zu lernen, und mit den Zahlen auf Kriegsfuß stand, klang das so:

„Neun sechs sieben
zwei und vier
fünf und eins
dann kommt keins,
dann die Drei
dann die Acht,
dann die Augen
aufgemacht.
Jetzt noch zehn
was kannst sehn?“

Lisa riss die Augen auf und entdeckte wieder etwas. Etwas ganz anderes. „Ist ja toll“, sagte sie überrascht. „Jetzt seh ich auf einmal, dass die Kuh von vorhin auch ein großer Baum ist. Um den geht die schwarze Linie herum. Der Baum hat viele bunte Blätter wie ein Herbstbaum und einen dicken Stamm. Er steht ein bisschen schief da. Guck, wie ich jetzt.“

Lisa beugte sich etwas nach links, wie der Baum auf dem Bild.

„Der Baum, der wackelt
und knackelt,
der rackelt
im Wind“, schrie Vitzliputz.
„Der Wind, der Wind,
das himmlische Kind!“

Aber Lisa war noch nicht fertig mit dem Bild. „Ich seh noch viel mehr. Das viele Blau um den Baum herum ist wie ein See. Das viele Rot wie eine Wiese mit lauter roten Blumen. Mohnblumen vielleicht. Und das Grün – das könnte Gras sein. Und das Gelb und Orange ist das helle Licht und das Licht von der Sonne. Oder – oder vielleicht Felder mit etwas Gelbem. Stoppelfelder.“

„Siehst noch was?“ fragte Vitzliputz gespannt.

„Ich seh – ich seh –“ Lisa starrte auf den unteren Bildrand. „Schau mal, das Schwarz unten. Weißt du, wer das ist?“

Vitzliputz wusste es nicht.

„Aber ich. Das ist der Nachtkrab. Der breitet gerade seine Flügel aus. Darauf trägt er die Nacht überall hin. Zu mir hat er sie auch oft gebracht."

„Er schlägt mit seim Flügel
er fliegt übers Tal
und über die Hügel.
Huhu!
Der Nachtkrab schlägt zu!" sang Vitzliputz.

„Ja, innen im Bild leuchtet alles", sagte Lisa. „Vielleicht sind das Häuser, da haben die Leute schon das Licht angemacht. Und es sieht aus wie in einem Glasfensterbild im Münster, wenn die Sonne schön durchscheint."

„Rot und grün und gelb und blau,
dass ich meine Lust dran schau", sang Vitzliputz.

„Aber außen wird's schon dunkel. Wo die Wiesen sind und die Felder und die Berge."

Vitzliputz flatterte mit den Armen wie ein Vogel: „Huhu!" schrie er. „Der Nachtkrab schlägt zuhu!"

„Komisch ist das", sagte Lisa. „Wenn ich die Farben seh, denk ich an irgendwas. An eine Kuh. Oder an einen Vogel. Oder an eine Wiese. Ich seh die Sachen nicht deutlich, weil der Maler sie ja überhaupt nicht richtig hineingemalt hat. Aber sie stecken doch drin."

Vitzliputz, der sich als Nachtkrab großartig fand, umkreiste Lisa, immer noch mit den Flügeln schlagend. „Stecken in dir drin, Lisa. Huhu! Sonst könntest sie nit sehn. Der Maler hat's gern, wenn die Leut was sehen in seinem Bild. Wenn sie nit dastehn und nur dumm glotzen wie sie's heut fast alle tun, den ganzen Abend und die halb Nacht in so einen Apparat. Huhu! Der Nachtkrab schlägt zuhu! Die sehen alle das gleiche. Aber hier in dem Bild nit. Der eine sieht den Berg. Der andere die Kuh. Der dritte den Baum. Der Nachkrab schlägt zu. Huhu!"

„Wie in der Wolke vorhin“, sagte Lisa. „Aber ich seh alles zusammen.“

„’S kommt von dem Has“, sagte Vitzliputz, der jetzt wieder nichts als Vitzliputz war. „Deinem Geburtshas und deinen Sommersprossen und deinem Zeh. Weil das was Besonderes ist, was nit jeder hat.“

Lisa war so stolz, dass sie gleich noch etwas entdeckte. „Es sieht auch ein bisschen aus wie ein Flicklteppich. Oder wie das Foto, das Vati mir mal gezeigt hat, von einem Satelliten, der saust herum, ganz hoch droben, und fotografiert die Erde. Das war ganz ähnlich. Lauter große und kleine Farbfitzelchen hat man sehen können. Das waren auch Felder und Wiesen und Berge.“ Lisa wunderte sich selber, dass ihr so viele Dinge zu dem kleinen Bild einfielen. „Aber du, Vitzliputz? Wo bist du hineingefahren?“

Der verzog das Gesicht. „Hab zuerst ausprobieren wollen, wie ich mich fühl in einer Farb. War zuerst im Rot, dann im Blau, dann im Gelb. Da hat’s mir am besten gefallen. Wollt mich drin verkrümeln, mir’s bequem drin machen und ein Nickerchen, wie der“ – er deutete auf den schlafenden Jockel – „da hat er mich gepackt, der Maler, hat gelacht und gesagt: ‚Du hast mir gerade noch gefehlt, du schwarzer Kerl. So wie du bist, kommst jetzt hinein, aber wohin ich will.‘ Obwohl ich gezappelt und gestunken hab. Soll ich mal?“

„Nein“, rief Lisa, „du musst ja niemand vertreiben, und ich weiß, wie das riecht.“

„Schad! Findst mich nit?“

Lisa brauchte nicht lange zu suchen. „Jetzt hab ich dich.“ Sie deutete triumphierend auf die krumme schwarze Gestalt, die sich an den rechten Bildrand quetschte. „Da! Wie du aussiehst!“ Sie kicherte. „Ganz dünne schwarze Beine hast du, und den Kopf seh ich und sogar deine Hörner. Aber du bist es nicht genau, Vitzliputz, nur so ein bisschen. Du siehst eher aus wie ein großer Käfer. In Wirklichkeit bist du viel teufeliger. Und dein Bauch ist runder. Weil du ja ständig frisst.“

Daraufhin fiel Vitzliputz ganz in sich zusammen, zog den Bauch ein und erklärte, ihm sei richtig übel vor Hunger und Lisa käme doch auf dem Heimweg an diesem Stand vorbei, wo die süßen dünnen Pfannkuchen – „weißt, Lisa, diese Krebs."

„Crêpes heißen die", sagte Lisa. „Aber du kriegst nur einen halben. Den andern kriegt Jockel."

„Der pennt", schrie Vitzliputz, „der kriegt nix."

„Dann ess ich ihn selber", sagte Lisa und hielt Vitzliputz den Ballon hin. „Setz dich drauf!"

Gerade als sie den Raum verließen, kam durch die andere Tür eine Frau herein.

„Das ist doch die aus dem alten August", flüsterte Lisa, „die gesagt hat, dass man sich vor der Kunst ehrfürchten soll. Und sich benehmen. Entsprechend oder so ähnlich."

Vitzliputz sprang vom Ballon, sauste zurück in den Raum und war in drei Sekunden wieder da. Mit einem sehr zufriedenen Gesicht.

„Was hast du gemacht, Vitzliputz?"

„Gestunken", sagt er vergnügt, kletterte an Lisa hinauf und –

„Mein schöner Ballon!" schrie diese.

Vitzliputz guckte dumm. An seinem linken Horn hing ein gelber Fetzen.

Dann holte Lisa ihr Bild an der Kasse ab.

„Was machst du damit?" wollte der Mann wissen.

„Das häng ich neben die anderen Bilder", sagte sie. „Ich hab schon ganz viele. Den blauen Seevogel und den grünen Till oder Veit oder Hinz oder Kunz mit der Sternenzipfelmütz. Den Esel auf den Rollschuhen. Das Schweizer Haus. Das Bild, das es nicht mag, wenn man laut ist. Das Paradies und das Jüngste Gericht. Meinen Sie, die vertragen sich miteinander?"

Er lachte. „Wenn morgen früh alle in Fetzen liegen wie dein Ballon, nicht. Aber hoffen wir das beste."

Doch am nächsten Morgen hingen die alten und die neuen Kunstkartenbilder wie immer friedlich nebeneinander.

Das
EINUNDZWANZIGSTE KAPITEL
steckt voller Jungfrauen

Vitzliputz machte Lisa und ihren Bären mit einigen seiner Nachbarinnen in der Vorhalle des Münster-Hauptportals bekannt.

„Die da" – er zeigte auf eine Frau, die eine Rute in der Hand hielt – „ist eine Lehrerin. Die Frau Grammatica. Bringt den Kindern Lesen und Schreiben bei. Wollen die nit parieren, gibt's was auf den Hintern. Neben ihr siehst noch ein paar Weibsleut."

„Die gucken aber sauer“, meinte Lisa. Und wirklich sahen die steinernen Damen nicht besonders fröhlich aus.

Vitzliputz schnitt ihnen ein Gesicht. „Das sind die törichten Jungfraun.“ Dann deutete er auf die gegenüberliegende Seite. „Und die da die gescheiten. Von jeder Sort fünf Stück.“

Jockel gähnte. Ihm waren Jungfrauen am Stück egal.

Lisa kannte das Wort ‚töricht' nicht.

„Dein Jockelbär", erklärte Vitzliputz, „ist auch töricht."

Lisa musterte zuerst die steinernen Jungfrauen, dann ihren Bären. „Aber die sind doch alle ziemlich dünn", sagte sie. „Und Jockel ist kugelrund." Sie strich über sein Bäuchlein.

„Hihi! Töricht heißt nit dick. Heißt blöd."

„Ach so! Wieso sind die einen blöd und die andern gescheit?"

„Kennst die Geschicht nit? Dann spitz die Ohren!"

Sie hockten sich auf die steinere Bank, und Vitzliputz erzählte Lisa die Geschichte von den klugen und den törichten Jungfrauen: „'S war ein Hochzeitsfest, und die Jungfrauen haben auf den Bräutigam gewartet. Aber der hat sich verspätet. Da haben die Jungfrauen Öl in ihre Funzeln getan, damit die lange brennen, wenn's dunkel wird, dass keiner auf die Nas fallt und auf den Steiß. Aber die klugen haben auch noch einen Vorrat von Öl dazu gehabt. Die törichten nit, die haben gedacht, wird schon reichen, was drin ist. Hat aber nit gereicht. Als der Herr gekommen ist, haben den Klugen ihre Funzeln hell gebrannt, die von den Törichten waren aus. Und sie haben nit mitfeiern dürfen und haben keinen Zwiebelkuchen gekriegt mit Speck drauf, wie's dort neben dem Brunnen gibt, und sind im Zappendustern gehockt und haben dumm geguckt und sich gegrault und mit den Zähnen geklappert, hihi!"

„Aber warum stehen sie da vor dem Münster?" fragte Lisa.

„Damit die Leut wissen: Pass auf deine Funzel gut auf, damit sie immer schön brennt. Musst immer bereit sein, wenn Er kommt. Sonst hockst im Dunkeln und in der Kält. Er – weißt schon, wen ich mein."

Lisa hatte schon lang gemerkt, dass Vitzliputz sich – als echter Teufel – gern um diesen Namen herumdrückte. Sie wusste ja, wen er meinte: den Reiter des hölzernen Esels. „Aber am allerbesten gefallt mir die da!" Er sprang auf die Schulter einer der vordersten Figuren und rieb den Kopf an ihrem.

„Ist das deine Freundin?" Lisa betrachtete das hübsche Mädchen genau. Es war oben und unten ohne, sozusagen splitterfasernackt. Ein Fell – der gehörnte Kopf des Ziegenbocks hing noch dran – bedeckte ihren Körper nur hinten, was eigentlich unnötig war, denn man konnte sie ja sowieso nur von vorne sehen.

„Die ist aber nett!" sagte Lisa. „Die mag ich. Wie dich."

„Schon morgens früh um sechs
geh ich zur kleinen Hex", sang Vitzliputz.
„Bis morgens früh um sieben
wird arg viel Jux getrieben."

Die kleine Hex lächelte Lisa verschwörerisch zu und fuhr Vitzliputz mit den Fingern durchs borstige Haar. Er flüsterte ihr etwas ins Ohr. Die Hex kicherte, der Engel neben ihr rümpfte die Nase.

„Du kennst so interessante Leute, Vitzliputz“, sagte Lisa neidisch.

Der war geschmeichelt. „Ich kenn noch viel mehr. ’S gibt auch die listigen Jungfrauen.“

„Meinst du, die lustigen?“

„Die listigen mein ich. Was guckst so dumm? Kennst das Wort auch nit? Listig heißt schlau.“

Lisa war ganz durcheinander. „Aber die hier sind doch schlau.“

„Die sind nit schlau. Die sind klug. Das ist nit dasselb, Lisa. Ein listigs Weibsbild ist was andres als ein kluges. Das weiß ich gewiss. Bin nämlich mal hineingefahren in eins. Im alten August.“

„Hast du Hunger?“ fragte Lisa.

„Weißt doch, dass ich kein Hunger nie nit hab“, erklärte er empört.

„Fein. Ich kauf mir vorher schnell noch einen Zwiebelkuchen. Dort neben dem Brunnen.“

„Mit Speck?“ fragte Vitzliputz.

„Mit ganz viel Speck drauf. Wie der, den die tö- die nicht klugen Jungfrauen nicht gekriegt haben.“

„Ich helf dir!“ versprach Vitzliputz großzügig. „Obgleich ich kein Hunger nit hab. Wart noch eine Sekund!“ Er sauste an den Podesten vorbei, auf denen die törichten Jungfrauen standen, lupfte jeder den Rock und schaute darunter. Sie zeterten, die klugen Jungfrauen gegenüber schüttelten sich vor Lachen, was die törichten nun erst recht so sehr erboste, dass ihnen ganz unjungfrauenhafte Schimpfwörter einfielen, auf die die Wasserspucker hätten stolz sein können. So ging es hin und her. Es klang, als ob die Münsterspatzen aus dem Café Steinmetz – die mit Vollmilch und die mit Bitterschokolade überzogenen – sich in die Federn kriegten.

„Jungfrauen ärgern macht halt Spaß!“ sagte Vitzliputz grinsend. „Her mit dem Zwiebelkuchen!“

Dann hörte man nur noch Geschmatz.

Vitzliputz leckte sich das Maul und streckte den versammelten Jungfrauen sowie den restlichen mehr oder weniger heiligen Figuren zum Abschied den Hintern hin. „Hau Rucksack!“

Im *ZWEIUNDZWANZIGSTEN KAPITEL*

– es ist so lang wie der Teppich –
geht's listig zu

Alles war blau. Die Wände und der Stoff in den Glaskästen, in denen es nur so funkelte, weil sie gefüllt waren mit herrlichen Leuchtern, Kelchen, Kreuzen und anderen Kostbarkeiten aus dem Kirchenschatz. An der rechten Wand –

„Der ist aber lang!" rief Lisa. „Viel länger als unserer daheim. Und so schmal!"

Sie stand vor einem fast fünf Meter langen Teppich. Der hing so niedrig an einer Wand, dass man alles gut erkennen konnte. „Sieht ja aus wie ein richtiges gemaltes Bild."

„Ist mit Nadel und Faden gemalt", erklärte Vitzliputz.

„Gestickt", sagte Lisa. „Mit furchtbar vielen bunten Fäden. Meine Oma macht das auch, auf Topflappen. Und einmal hat sie dem Jockel eine neue Nas gestickt, als seine alte ganz in Fetzen war, weil ich hineingebissen hab. Weißt du noch, Jockel?"

Jockel wusste rein gar nichts mehr. Wie immer.

„Aber der Teppich hier ist schöner als Omas Topflappen", stellte Lisa fest. „Und viel mehr Stiche sind darauf. Mindestens eine Million. Die sieht man gar nicht, so eng sind sie nebeneinander. Komm jetzt raus aus dem Rucksack!"

„Heut bleib ich drin“, erklärte Vitzliputz.

„Nix da. Du wiegst ganz schön schwer, weil du einen richtigen Ranzen gekriegt hast von der Fresserei.“

„Ich bleib beim Jockel. Der fürchtet sich allein.“

„Quatsch!“ sagte Lisa. „Hör doch, wie mutig der schnarcht!“

Vitzliputz fror auf einmal schrecklich. „Bauchweh hab ich auch. Die Ohren tun weh. Mein Huf sowieso. Überhaupt alles.“

„Ich glaub, dein Huf ist schon lang wieder gut.“

Vitzliputz guckte in die Luft.

„Sag mal“ – Lisa verdrehte den Kopd und sah ihm in die Augen, wie Mutti Lisa, wenn sie sie bei etwas ertappt hatte – „du frisst ja nicht nur andauernd. Hast du auch was ausgefressen?“

Vitzliputz schielte auf die rechte Hälfte des Teppichs: „Das Vieh dort! Ganz hinten.“

Lisa ging näher heran und sah tatsächlich eine seltsame Szene. In einem großen blauen Stern saß eine Frau und –

„Die sitzt auf einem Buckel“, sagte Lisa. „In einem roten Kleid. Hat lange braune Haare. Sie hebt die Hand, ich glaub, sie sagt was. Und vor ihr liegt ein komisches Tier mit einem noch komischeren Schwanz. Mit Grünzeug dran.“ Lisa deutete auf das, was in ihren Augen wie ein Schwanz aussah. „Ist das ein Hund? Oder ein Pferd?“

„Ist kein Hund nit. Auch kein Pferd, hihi.“

„Vorne hat es ein langes Horn. Ein Nashorn? Aber dann wär es doch viel dicker.“

„Ist kein Nashorn nit.“

Lisa zuckte die Schultern. „So ein Tier hab ich noch nie gesehen. Nicht mal im Basler Zoo.“

Vitzliputz kicherte. „Ihr guckt halt zu wenig. Und glotzt zu viel in die Glotz. Bist schon oft vorbeigerannt an so einem Vieh. Am Neuen Rathaus springt's rum, an einem schönen Erker aus Stein, das Einhorn. So heißt's nämlich."

„Gibt's so ein Einhorn auch im Wald?"

„Kannst lang durch die Gegend rennen und dir die Augen danach ausschaun, Lisa. Wirst's nit finden. Das zeigt sich nit jedem Hergelaufenen. Und versteht kein Spaß nit." Er verzog das Gesicht.

„Aber die Frau streichelt es doch."

„Ja, die!" sagte er und verdrehte die Augen.

Lisa stemmte die Hände in die Hüften. „Du hast es geärgert. Gib's zu!"

Vitzliputz guckte unschuldig. „Hab nur ein kleines Liedlein gesungen. 'S hat so geklungen:

'S Einhorn hat ein Horn.
'S Horn hat es ganz vorn.
Wär das Horn ganz hinten,
könnt man vorn keins finden.

Dann hat's eine Wut gekriegt und einen Brüll getan und mich auf sein Horn genommen und in die Luft geschmissen. Drum bleib ich im Rucksack. Wenn's mich sieht, fallt's ihm wieder ein." Mutig streckte er dem Einhorn aus sicherer Entfernung die Zunge heraus. „Musst ihn aber auf dem Buckel lassen, damit du gleich abhauen kannst, wenn's schlechte Laune kriegt."

Dafür hatte Lisa Verständnis, weshalb Vitzliputz ihr den Rest des Teppichs vom Rucksack aus erklärte.

„Und den haben die listigen Weibsleut gemacht?" fragte sie.

„Die nit. Die frommen Frauen aus einem Kloster in der Näh, Adelhausen geheißen. Haben viel Zeit gehabt und nix rechts zu tun. Nur singen und beten und solch unwichtiges Zeug."

Lisa staunte. „Der ist aber ganz toll geworden. Der Stoff, auf den sie gestickt haben, ist gelblich. Innendrin ist ein ganz langes, rotes Viereck. Und in dem Rot sind viele blaue große Sterne. Mit Bildern drin. Und ganz außenherum viele weiße Blumen. Eine richtige Blumenwelle ist das. Meine Oma stickt immer Elefanten auf ihre Topflappen. Die kann sie halt am besten. Im Rot drin sind aber auch Blumen."

„Die Außenblumen sind Rosen, die Innenblumen Lilien", erklärte Vitzliputz.

„Eins – zwei – drei – vier – elf blaue Sterne sind's. Mit Bildern drin. Nur im ersten und im letzten sind Buchstaben und sowas wie ein Ritterschild. Ganz vorne heißt es ANNA und im letzten JOHANNES. Kennst du die?"

Vitzliputz nickte. „Anna und Johannes Malterer. Bruder und Schwester. 'S Wappen ist's Familienwappen. Waren vornehme Leut mit viel Geld im Sack. Die haben den Teppich machen lassen von den frommen Frauen und ihn denen dann geschenkt. Ist eine Stiftung."

„Damit es im Kloster ein bisschen gemütlicher ist?"

„'S war so üblich, Lisa. Der Johannes wollt gut Wetter machen bei den frommen Frauen, damit sie für ihn und seine Familie beten. Die Anna war eins von den Nönnlein. Hat nit geheiratet und ist, wie's üblich gewesen damals, ins Kloster gangen. Hat selber den Löw hier gestickt."

Lisa betrachtete die Teppichbilder genauer.

„Im ersten Bild kämpft einer mit dem Löwen. Im zweiten ist der Löwe fort. Jemand schneidet dem Mann den Kopf ab. He, bockel nicht so!"

Vitzliputz strampelte vor Vergnügen im Rucksack. „Nit den Kopf. Die Haar."

„Ach so", sagte Lisa beruhigt, „dann ist der andere ein Friseur."

„Ist kein Friseur nit. Ist ein Weib, heißt Dalila. In die hat der starke Samson sich verguckt. Die schneidet ihm seine Haar ab, wie er schlaft und nix merkt. Dann verliert er seine Kraft. Hat nie mehr keinen Löw nit abgemurkst."

Lisa wunderte sich. „Wenn mein Vati vom Friseur kommt, ist er noch genauso stark wie vorher.“

„Der Samson nit. Seine Kraft steckt im Haar. Hat ihn ratzekahl geschoren, die Dalila. Dann war's aus mit ihm.“

„Ein bisschen fies!“ fand Lisa und war schon bei den nächsten Bildern.

„Da sitzt ein Mann hinter einem Fenster, davor steht eine Frau. Beide machen Kulleraugen. Der Mann packt sie am Kinn. Will er sie verhauen?“

Wieder hoppelte Vitzliputz auf und ab. „Verhaun! Hihi! Sie schmiert ihm Honig ums Maul. Schwindelt ihm vor, dass sie ihn liebt und bewundert und wie g'scheit er sei.“

„Woran merkt man, dass er gescheit ist?“

„Siehst nit, was da vor ihm steht? Ein Gestell mit Büchern. In der Hand hält er eine Rut. Für die Schüler, die nit folgen wollen, gibt's was hintendrauf.“

„Wie bei der Frau Grammatica,“ sagte Lisa.

„Ist ein gelehrter Mann, der Herr Aristoteles. Aber nit so gescheit, dass er nit reinfallen tät auf das Weibsbild. Phyllis heißt die. Nebendran kannst sehn, was sie mit ihm macht.“

Das gefiel Lisa besonders. „Die Phyllis reitet auf ihm spazieren. Mit der Rute haut sie ihn auf den Hintern, wenn er zu langsam ist. Und er lässt sich's gefallen."

„Hat sich in das Weibsbild vergafft", sagte Vitzliputz vergnügt. „Jetzt macht sie mit ihm, was sie will."

Lisa bedauerte den Herrn Aristoteles nicht allzu lange. Es gab ja noch mehr zu sehen.

„Auf dem nächsten Bild ist ein Turm, da guckt einer heraus. Nein, eine. Vor dem Turm steht ein Mann und redet mit ihr."

„'S ist der Herr Vergil", erklärte Vitzliputz. „Ein hochberühmter Dichter. Ganz narrisch hat's ihn gemacht, des Kaisers Töchterlein. Hat ihm schöne Augen hingedreht. Guck, so!"

Er rollte verführerisch die Gluhaugen.

„Der ist auch verschossen in sie", sagte Lisa. „Wie Arteles, oder wie der heißt, vorhin in die Phyllis. Aber was ist auf dem nächsten Bild los?

Die Frau steht oben auf dem Turm. Der Herr Vergil sitzt in einem Korb, den zieht sie an einem Seil herauf. Oder sie lässt ihn hinunter."

Vitzliputz kicherte teuflisch. „Der hat gefensterlt. Hat mit ihr wollen schmusen. Sie hat ihn aber nit eingelassen. Jetzt hängt er zwischen Himmel und Erd. Alle Leut sehen's und haben ihren Spaß dran. Hörst, was er schreit?"

Lisa drückte ihr Ohr ans Bild. „Ich hör's. Kikeriki! schreit er."

Vitzliputz guckte genauso dumm wie der Herr Vergil in seinem Korb.

„Meine Oma sagt nämlich immer, der Mann ist der Hahn im Korb", erklärte Lisa.

„Der schreit was andres: ‚Lass mich nunter! Was sollen die Leut bloß denken!' Aber sie hat ihn nit nuntergelassen, hat gewackelt mit dem Strick. Da hat er eine Heidenangst gekriegt und die Händ gerungen, siehst's, Lisa? Die Leut haben sich die Bäuch gehalten vor Lachen. Und er hat die Schand davon gehabt und den Spott."

Dann fiel Lisa etwas ein. „Mutti hat neulich gesagt, meine Tante hat ihrem Freund einen Korb gegeben. Dann hat sie ihn also auch an einem Seil rauf- und runtergelassen. Jetzt weiß ich, warum er so beleidigt war."

Im nächsten Bild ging es, wie im ersten, wieder bös zu.

„Da kämpfen zwei", stellte Lisa fest. „Mit langen Schwertern. Ich glaub, einer hat den andern totgeschlagen. Was ist das da vorne, Vitzliputz? Das eckige Ding, aus dem Blau herauskommt?"

„'S ist ein Zauberbrunnen, Lisa. Dort hat der Ritter Iwein den König Askalon erschlagen."

„Im nächsten Bild steht neben ihm eine Frau, die hat etwas Rundes in der Hand."

Vitzliputz wusste einfach alles, weil er die Ohren so gespitzt hatte, als die Nönnlein die Geschichten nicht nur stickten, sondern einander auch immer wieder erzählten. Denn in ihrem braven Klosterleben gab's weder Ritter noch Könige, weder Kampf noch Liebe noch Schmuserei.

„'S ist eine Dienerin, und das Runde ein verzauberter Ring. Wer den trägt, den packt die Lieb."

„In wen verliebt sich der Ritter denn?"

„In die andere, die da auf dem Stuhl sitzt. 'S ist die Frau von dem König, den er umgebracht hat. Jetzt ist er in ihrer Gewalt, ist ganz verrückt nach ihr. Aber da wird nix draus."

„Nirgends ein Happy-End", stellte Lisa fest. „Und immer ist der Mann dumm dran, wenn er sich in eine Frau verguckt."

„Ein Held und ein Lehrer, ein Dichter und ein Rittersmann", zählte Vitzliputz auf. „Hihi! Geschieht ihnen recht, den vier Herren. Lassen den Aff mit sich machen."

Das konnte Lisa nicht auf den Frauen sitzenlassen. „Meine Mutti macht keinen Aff mit Vati", sagte sie empört. „Find ich gar nicht gut, dass diese Nonnen so auf den Frauen herumsticken – nein, herumhacken – wo sie doch selber Frauen sind. Und meine Oma war auch meistens lieb zu meinem Opa. Nur wenn er mit dreckigen Schuhen ins Zimmer gekommen ist, nicht. Die sind nur neidisch, weil sie selber keinen Mann haben, und jetzt wollen sie es den andern Frauen vermiesen und machen die schlecht, damit ja keiner sie heiratet. Gemein!"

„So war's nit, Lisa. Die haben sich nit selber herausgesucht, was sie da künstlich gestickt haben. Was da drauf sein sollt, auf so einem Teppich, das hat meist die hohe Geistlichkeit bestimmt."

„Mag die keine Frauen?" fragte Lisa erstaunt.

Vitzliputz schüttelte den Kopf. „Hat geglaubt, dass die Lieb den Mann ins Verderben stürzt. Weil die Weibsleut mit ihm machen, was sie wollen. Sollen sich an was anderes halten, die Männer." Er deutete mit schwarzer Klaue auf das Bild mit der Frau und dem Einhorn. „Da dran."

„An das Einhorn?"

„Hihi! Nit ans Einhorn. 'S ist ein gefährliches, bösartiges Tier. Wie die Lieb. Bekommt ihm schlecht, dem Mann."

Lisa runzelte die Stirn. „Sagt das der liebe Gott?"

„Der schwätzt nit so dumm daher. So hat's die Kirch wollen."

„Aber die Männer laufen doch immer den Frauen nach", sagte Lisa verwundert. „Mein Vati hat mal erzählt, er sei auch wie wild hinter meiner Mutti hergerannt."

„Sollen sich lieber an die halten, die's Einhorn zähmt, damit es ihr aus der Hand frisst. Sagt die Geistlichkeit. An die Frau im roten Gewand."

„Wer ist die denn?" fragte Lisa neugierig. „Was Besonderes?"

„'S ist eine reine Jungfrau. Und so eine macht dem Mann keine schönen Augen nit. Brav ist sie und tut keinen Mucks. Nur so einer legt's den Kopf in den Schoß, das Hornvieh. Die reinste aller Jungfraun steht auf der hohen Säul vor dem großen Portal am Münster."

„Ach so. Die Maria."

„Manchmal hock ich auf ihrem Kopf und halt mit ihr einen kleinen Schwatz."

„Aber die kann doch keiner heiraten. Die hat schon ihren Josef. Den kenn ich von unserer Krippe her, da steht er neben dem Ochs und leuchtet."

„Hihi! Die freilich nit. Aber ein zahmes, frommes Ding, wie's der Kirch gefällt. Und am allerbesten ist's, sagt die Geistlichkeit, der Mann lässt die Finger von den Weibern und denkt nur an" – er schielte nach oben – „na, an Ihn halt, du weißt schon."

„Heut ist das anders", verkündete Lisa. „Meine Patentante, die ist nämlich in einer Frauengruppe, sagt immer: Starke Frauen braucht das Land."

Dann musste sie lachen. „Da gibt's Schilder, auf denen kann man lesen: ‚Warnung vor dem Hund!' Der Teppich ist wie ein ganz langes Schild, auf dem steht: ‚Warnung vor den Frauen!'"

Das gefiel Vitzliputz so gut, dass er schnell einen Vers daraus machte:

„Lass die Finger von den Frauen,
weil sie dir auf die Finger hauen!"

Lisa deutete auf die Blumenborte. „Jetzt weiß ich, warum die Rosen außenrum weiß sind. Rote Rosen sind verliebte Rosen. Vati bringt Mutti manchmal eine mit. Wie Feuer ist die. Weiße Rosen sind ja auch schön, aber nicht so verliebt. Und jetzt muss ich aufs Klo."

Sie verschwand.

Als sie zurückkam, stand eine Gruppe von Männern vor dem Teppich und betrachtete ihn mit schiefgelegtem Hals. Nein, Hälsen, es hatte ja jeder einen.

Lisa stellte sich dazu und machte es ihnen nach.

Vitzliputz' Kopf guckte – nur für Lisa sichtbar – neben dem Bärenkopf aus dem Rucksack heraus. Auch schief.

Lisa deutete auf den Löwen. „Den hier hat die Anna selber gestickt."

„Na, sowas!" Die Männer sahen – mangels Anna – den Löwen und Lisa hochachtungsvoll an.

„Die Nonnen haben warnungsvoll gestickt, dass die Männer achtgeben und sich verstecken oder weggucken sollen, wenn eine Frau daherkommt. Weil die sie irgendwohin stürzt. Ins Verderben, glaub ich. Die Geistlichkeit mag nämlich keine Frauen."

„Oh!" sagten die Herren. Und: „Na na!" Und: „Nicht doch!"

Lisa nickte überzeugt. „Die mag nur solche, denen das Tier da" – sie deutete auf das letzte Bild – „nachrennt und aus der Hand frisst. Das ist nämlich das Einhorn, wenn Sie das kennen."

„Nicht persönlich", sagten die Herren.

Damit sie es kennenlernten, sang Lisa ihnen Vitzliputz' schönes Lied vor:

„'S Einhorn hat ein Horn, ein Horn,
'S Horn hat es ganz vorn, ganz vorn.
'S Horn hat es ganz vorn.
Wär das Horn ganz hinten,
könnt man vorn keins finden."

„Ganz recht!“ meinten die Herren eifrig. „Genau so ist’s.“

„Jetzt Sie“, sagte Lisa. „Es geht wie ‚Alle meine Entchen‘. ‚Horn‘ und ‚vorn‘ müssen Sie zweimal singen, weil das viel besser klingt. Ich sing mit.“

Und folgsam sangen die Herren:

„’S Einhorn hat ein Horn, ein Horn.
’S Horn hat es ganz vorn, ganz vorn.
’S Horn hat es ganz vorn.
Wär das Horn ganz hinten,
könnt man vorn keins finden.“

Einer, ein kleiner Dicker, sang noch auf eigene Faust, wobei er den Finger hob, ganz tief anfing und seine Stimme die Tonleiter hinaufklettern ließ:

„Drum hat’s Einhorn
sein Horn
ganz
vorn.“

Bei ‚vorn‘ war die Stimme am höchsten.

Dann beklatschten sich alle gegenseitig.

Lisa zeigte auf die Frau im roten Kleid: „Das Einhorn frisst ihr nämlich aus der Hand, weil sie eine reine Jungfrau ist.“

„Aha!“ sagten die Herren interessiert.

„Kennen Sie die kleine nackige Hex?“ fragte Lisa.

Die Herren schüttelten bedauernd die Köpfe.

„Die steht doch in der Vorhalle bei der großen Münstertür“, erklärte Lisa. „Bei den andern, nichtnackigen Jungfrauen, denen mit der Ölfunzel. Sie hat ein Bocksfell an, aber nur hinten, damit man sie vorne gut sehen kann. Den Busen und so. Morgens zwischen sieben und acht treibt sie was mit dem Teufel. Da müssen Sie mal gucken. Der frisst das Einhorn bestimmt nicht aus der Hand. Die sagt allen Männern, wo der Bartel den Most holt. Die ist keine reine Jungfrau.“

Die Herren glaubten es ohne weiteres.

Lisa kicherte. „Ich auch nicht.“

Nun guckten die Herren doch bedenklich.

„Meistens wasch ich mir die Füß nicht, wenn ich ins Bett geh. Na ja, einen vielleicht. Und meine Finger sind immer dreckig, sagt Mutti.“

Die Herren betrachteten Lisas Finger und schienen Muttis Meinung zu teilen.

„Aber wenn die Männer nur den reinen Jungfrauen nachrennen, dann gibt's ja keine Kinder, oder?"

Die Herren nickten eifrig. „Vor allem keine wie dich", sagte einer.

„Und das wär ein Jammer", ein anderer. Er drückte Lisa etwas in die Hand. „Vielen Dank. So interessant hat uns noch niemand diesen langen Teppich erklärt."

„Und dieses wilde Einhorn", sagte ein zweiter.

„Und erst die reinen Jungfrauen", ein dritter.

Die Herren zogen ab. Ziemlich vergnügt.

Lisa betrachtete erfreut das Fünfmarkstück. Vitzliputz schnappte es und biss darauf. „Echt!" sagte er zufrieden. „Das langt für zwei Würst." Und schleckte sich schon mal das Maul.

„Erst will ich wissen, in welche du hineingefahren bist."

Er zeigte auf Phyllis. „Bin hineingeschlupft, als die frommen Weibsleut an ihr herumstickten. Hab's so wild getrieben, dass ihnen beim Sticken die Nadel gehupft und der Faden immer wieder gerissen ist. Die hat den Teufel im Leib, haben sie gerufen und nach dem letzten Stich an der Phyllis drei Kreuz geschlagen."

„Erzähl mal, was du in der Phyllis gemacht hast", bat Lisa.

„War eine Mordsgaudi, als der gelehrte Herr Aristoteles mein Ross gewesen ist! Hab hü und hott, alter Gaul! geschrien. Hab ihn am Bart gerupft und auf den Hintern gehauen mit der Rute. Wiehern hat er müssen, bis seine Stimm ganz heiser war. Hab ihn galoppieren lassen, und er hat müssen hüpfen über Stock und Stein, hat müssen fressen Hafer und Heu und saufen aus dem Bach."

„Das erzähl ich Vati", sagte Lisa begeistert. „Und dann spielen wir es. Er ist der Herr Toteles, ich bin Phyllis." Sie warf einen letzten Blick auf den Teppich. „Da haben die Klosterfrauen aber bestimmt furchtbar lange dran gestickt. Und furchtbar ordentlich. Nirgends hängt ein Faden raus, wie bei Oma. Die macht immer Knubbel. Sieht ein bisschen aus wie die Glasfenster im Münster. Auch so schön bunt, und die Farben leuchten richtig."

„Die Klosterweiber sind oft ins Münster gelaufen, haben sich die Fenster beguckt und es ähnlich gemacht. 'S war um das Jahr 1320 herum. Den starken Samson kannst auch am Münster sehen. Da hat er seine Haar aber noch. An der hinteren Wand von der Niklauskapelle, an einem von den Pfeilern, kämpft er mit dem Löw."

„Weiber sagt man heute aber nicht mehr, Vitzliputz", belehrte ihn Lisa streng. „Wir sind Frauen. Und wir lassen uns nix gefallen von den Männern. Weil wir ema – emmazipiert sind oder so ähnlich. Und jetzt hol ich das Bild."

„Heut brauchst aber zwei, so groß ist die Weiberlist."

„Ich glaub", sagte Lisa, „jetzt weiß ich, was listig ist. „Es ist schon schlau, aber schlau mit einem kleinen bisschen Gemeinheit. Listig ist ähnlich wie raffiniert."

„Das Einhorn hätt ich gern", verlangte sie an der Kasse. „Und die raffinierten Frauen. Besonders die, die auf dem Lehrer spazierenreitet und ihm hintendrauf haut."

„Die gleichen Karten haben die Herrschaften vorhin auch alle mitgenommen", sagte die Frau. „Es waren lauter geistliche Herren. Sehr fröhliche. Sie haben die ganze Zeit nur gelacht und gesungen. Von einem Einhorn mit einem Horn ganz vorn. Und einer hat alle Karten vom Teppich gekauft für seine Haushälterin, als Mitbringsel, und sie hätten überhaupt nichts gegen die Frauen, hat er noch gesagt, und jetzt gingen sie alle miteinander zu einer nackigen Hex. Ob der Erzbischof das weiß?"

Lisa legte den Kopf in den Nacken und bewunderte das steinerne Einhorn am Eck des Neuen Rathauses.

„Das ist aber ein schönes Horn! Und es ist um sich selber herumgewickelt. So eins hast du nicht."

„Dafür hab ich zwei", erklärte Vitzliputz stolz.

Auf einmal stand eine Frau neben Lisa, die schaute ebenfalls in die Höhe. Ein Mann kam auch dazu. Und zwei Jungen. Hoffnungsvoll näherte sich ein Polizist, vielleicht gab's da was Verbotenes?

Lisa erklärte der Gruppe, was Vitzliputz ihr ins Ohr flüsterte: „Das ist nämlich ein Einhorn – 's ist abgehauen aus dem Zoo in Basel – und ganz schön gefährlich – und wild auf Jungfrauen – aber die müssen ganz sauber sein – immer frisch gewaschen – und den Aff dürfen die nicht machen mit den Männern."

Die Leute fingen auf einmal an zu schnüffeln.

„Wenn alle es so angucken", sagte Lisa, „dann geniert es sich. Und wenn es sich geniert, stinkt es ein bisschen. Das ist nämlich so bei Einhorns."

„Seltsam!" sagte der Mann. „Ich wohne schon seit dreißig Jahren in Freiburg. Aber das Einhorn hier ist mir noch nie über den Weg gelaufen. Und über die Nase. Pfui Teufel!"

„Das liegt dran, dass Sie falsch gucken", sagte Lisa. „Sie gucken bestimmt zu viel in die Glotze, aber da gibt es keine frisch gewaschenen Jungfrauen mit Einhörnern."

Sie nahm die Beine untern Arm und sauste um die Ecke. „Sauteufel!" sagte sie leise zu Vitzliputz.

Das ganze DREIUNDZWANZIGSTE KAPITEL *ist versaut*

Lisa warf zuerst ihr Gutselpapier in den Abfallkorb, dann noch eins, das daneben auf dem Boden lag, sowie eine leere Bierdose.

„Das war eine Putzete“, teilte sie Vitzliputz mit.

Der guckte misstrauisch. Wörter wie ‚putzen‘ mochte er nicht.

„Eine Putzete ist, wenn man selber den Dreck wegmacht“, erklärte Lisa. „Wie in der Schule. In der Woche vor den Ferien war meine Klasse dran. Der ganze Schulhof war versauigelt. Weil die andern Ferkel alles wegschmeißen.“

„Ferkel schmeißen nix weg, hihi! Nur Menschen. Ferkel sind anständige Leut.“

Das musste Lisa zugeben. Und sie erzählte Vitzliputz, was sie alles gesammelt hatten: „Mindestens hundert Cola-Dosen. Und Fanta-Büchsen. Und Alufolie. Und Einwickelpapier. Und überall hat Kaugummi geklebt. Einer hat sein Mathebuch weggeschmissen. Sieben Murmeln hab ich gefunden.“ Sie zog ein paar aus der Tasche.

Vitzliputz machte verzückte Murmelaugen.

„Ich schenk dir eine. Welche willst du?“

Vitzliputz entschied sich erst für eine blaue, dann für eine rote, dann für eine grüne und dann für alle Murmeln zusammen.

„Na schön", sagte Lisa großzügig. „Aber nur, weil du's bist. Was machst du damit?"

„Murmel spielen. Mit den blöden Jungfrauen. Und alle bescheißen. Hast noch was gefunden?"

„Ein Leberwurstbrot. Und Kippen von Zigaretten. Und eine Fahrkarte. Einen Ohrring. Pappendeckel. Sogar einen Mohrenkopf."

Weil Vitzliputz nicht wusste, was ein Mohrenkopf war, musste Lisa einen kaufen und ihm zeigen. Aber als er das dunkle Ding sah, schüttelte er den Kopf. „Den kann man nit essen", sagte er listig.

„Klar kann man."

„Ich glaub's nit."

„Versuch doch mal!"

Vitzliputz versuchte drei Stück.

„Na?" fragte Lisa, „schmeckt's?"

Vitzliputz schleckte jede Kralle einzeln ab und dann noch sein Maul. „Der Hunger zwingt's nei!" erklärte er. „Was habt ihr gemacht mit dem Dreckszeug?"

„Das haben wir in große Säcke getan und in die Container geworfen, wo es die Müllabfuhr holt."

„Schad um den Dreck", sagte Vitzliputz.

„Was? Wieso?"

„Dann ist er ja weg."

„Aber er soll ja weg", sagte Lisa.

„Der schöne Dreck!" seufzte Vitzliputz. „Weg."

„Du spinnst", sagte Lisa.

„Ich nit. Ihr spinnt. Schmeißt den schönen Dreck weg."

Lisa wusste nicht, was sie sagen sollte. Was war nur mit Vitzliputz heute los?

„Ich zeig dir einen Dreck", sagte der. „Im neuen Haus. Hau Rucksack!"

KAPITEL VIERUNDZWANZIG

handelt von Mubentenschen und Tenschenmuben

Lisa stand verwundert vor einem Ding, von dem sie nicht recht wusste, was es sein sollte.

Ein mit Farben gemaltes Bild war es jedenfalls nicht. Man konnte, was darauf zu sehen war, anfassen und befühlen, aber das durfte man natürlich nicht, weil im Museum nur geguckt wird und weil dort der Spruch gilt:

Das Berühren
der Figüren
mit den Pfoten
ist verboten!

Dann fiel ihr ein, was Vitzliputz gesagt hatte. Einen Dreck wollte er ihr zeigen.

„Wer das gemacht hat, hat bestimmt nur Spaß gemacht“, sagte sie schließlich. „Der hat seine Tuben, in denen die Farben drin waren, nicht weggeschmissen, wie sie's bei uns in der Schule gemacht haben. Der hat sie einfach auf einen Pappendeckel geklebt und noch ein bisschen drauf herumgeschmiert, dann hat er sie zu den andern Sachen hier gehängt. Und keiner hat's gemerkt. Nur ich. Soll ich's dem Mann drunten sagen, dass er's wegschmeißt?“

„Ist's ein Dreck,
schmeißt man's weg", sang Vitzliputz.
„Ist's kein Dreck,
schmeißt man's nit weg.
Ist was drauf,
stellt man's auf."

Daraufhin beschloss Lisa, sich das Zeug doch lieber erst mal genauer anzuschauen.

Sie schaute. Und schaute.

Dann merkte sie was. Rieb sich die Augen. Schaute nochmal. Und staunte.

„Eigentlich sind es ja zerquetschte Tuben", sagte sie. „Aber die Dinger da sehen aus wie Menschen. Nicht ganz, aber fast. Tubenmenschen sind das."

„Mubentenschen!" feixte Vitzliputz. „Hihi! Mubentenschen und Tenschenmuben!" Er verdrehte nun mal fürs Leben gern Wörter und Buchstaben.

„Guck mal, Vitzliputz, das hier" – sie deutete auf den breiten Tubenrand der linken Figur – „das ist das Oberteil. Da sind die Schultern und der Hals. Unten ist der Mensch eingewickelt in Stoff. Aber der Kopf ist weg."

„Wo ist der Kopf
vom armen Tropf?" fragte Vitzliputz und schaute sich suchend um.
„Wo ist der Topf
vom armen Kropf?"

„Eigentlich ist das sehr komisch", stellte Lisa dann fest. „Ich seh deutlich seine Beine. Und den Bauch. Die sind da. Aber ich seh auch deutlich, was nicht da ist. Was man nicht sehen kann. Den Kopf und die Arme und die Füße."

„Man sieht die Bein,
man sieht den Bauch,
und was nit da ist
sieht man auch", wiederholte Vitzliputz, der immer mehr in Fahrt kam.

„Und er liegt so komisch da. Wie wenn er hingefallen wär. Der andere dort über ihm auch. Ganz nackig ist der arme Kerl", sagte Lisa.

Dann sah sie noch mehr.

„Da hat einer was draufgeschrieben. Wörter."

Sie verdrehte den Hals, um besser sehen zu können, was da – ganz schräg geschrieben – stand. „PARIS steht da, Vitzliputz. Das ist die Hauptstadt von Frankreich, mit dem Eiffelturm darin. Dann kommt ein Wort, das kann ich nicht lesen. Und dann kommt ‚nach'. Und dann wieder ein Wort, das kenn ich aber nicht: G-I-O-T-T-O. Was ist das für ein Otto, Vitzliputz?"

Aber der kannte auch keinen Otto mit ‚g-i' davor.

Dann fiel bei Lisa der Groschen. „Ich hab's, Vitzliputz. Ist ja ganz leicht. Die zwei sind nach Paris gefahren, auf den Eiffelturm geklettert und hinuntergefallen. Drum sehen sie so vermatscht und verbogen und so krumm aus. Drum sind sie nicht mehr ganz. Und einer heißt Stigma, oder so ähnlich. Der andere heißt G-i-o-t-t-o."

Obwohl, was Lisa sagte, nun wirklich nicht zum Lachen war – vom Eiffelturm zu fallen, ist ja nicht gerade lustig – patschte Vitzliputz sich vor Vergnügen auf die Schenkel und verschluckte sich fast an dem Kaugummi, den er diesmal im Rucksack gefunden hatte. „Kalt, Lisa. Ganz, ganz kalt."

Da war sie also auf dem falschen Weg.

Lisa überlegte und sagte: „Wenn die nicht vom Eiffelturm heruntergefallen sind, dann ist halt was anderes passiert."

„Da kommst nie drauf!" schrie Vitzliputz. „Nie und nimmermeh!"

„Ich krieg's schon raus", sagte Lisa. „Da steht nämlich noch etwas. Auf der andern Seite vom Strich. WOLF steht da. Ein Wolf war's. Der hat die beiden umgebracht und sie angefressen, drum sind die Köpfe weg und alles." Sie schüttelte sich.

„Wieder kalt!" schrie Vitzliputz.

„Wieder nix!" dachte Lisa. „Ich krieg's schon raus", sagte sie noch einmal und war schon ganz aufgeregt. Wie in einem Krimi kam sie sich vor. Sie musste den Fall unbedingt lösen.

„Der Kleinere, der nichts anhat, ist weiter oben, über dem Wickelmenschen. Wie wenn er auf ihn hinunterschauen würde. Und der unten schaut zu ihm hinauf. Vielleicht reden die miteinander?"

Vitzliputz tat, als spitze er seine sowieso schon spitzen Ohren noch mehr, um mitzubekommen, was die beiden Kopflosen da miteinander zu besprechen hatten.

„Es muss etwas ganz Wichtiges gewesen sein", sagte Lisa. „Weil es den da unten umgehauen hat. Aber was?"

„Denk nach, Lisa. Hast ja deinen Kopf noch."

Ja, den hatte Lisa noch. Der saß ganz fest zwischen ihren Ohren.

„Komische Menschen sind das."

„Ich helf dir", sagte Vitzliputz:

„Mensch ist nur einer, der andre ist keiner." Und freute sich über Lisas ratloses Gesicht.

Doch die steckte nicht auf. „Es gibt ja noch mehr. Da ist ein breiter weißer Strich, der geht von der Ecke links oben bis fast in die Ecke rechts unten. Und mitten auf dem Strich liegt der Wickelmensch."

„Ich zeig dir, was er gemacht hat, Lisa", rief Vitzliputz, sprang mit einem Satz auf das Ding, das kein richtiges Bild war, und zwar genau auf die Stelle, wo der breite Streifen unten aufhörte. Er bückte sich und kletterte auf allen Vieren die helle Fläche hinauf, wobei er einen vorsichtigen Bogen um den Knieenden herum machte. Als er oben angelangt war, schaute er Lisa erwartungsvoll an. „Merkst was?"

Lisa hatte ihm gespannt zugesehen. „Ich glaub, du bist einen Berg hinaufgeklettert, Vitzliputz. Er auch. Stimmt's?"

Vitzliputz tat, als schnappe er nach Luft.

„Ganz hoch und ganz steil. Dann ist der Wickelmensch auf einem Berg."

Vitzliputz nickte heftig. „Warm, Lisa! Bist nah dran!"

„Da ist er hinaufgegangen, wie du eben."

Vitzliputz schwitzte heftig. „Arg warm, Lisa! Nur weiter!"

„Und da – da passiert etwas auf dem Berg."

„Furchtbar warm!" schrie Vitzliputz.

„Er sieht was."

„Furchtbar arg warm!"

„Den hier.“ Lisa deutete triumphierend mit dem Finger auf die andere Figur.

„Heiß!“ brüllte Vitzliputz. „Heiß, heiß, heiß!“

„Der liegt auch so komisch herum“, sagte Lisa.

Vitzliputz schüttelte den Kopf, rieb sich die Hände – oder Pfoten – oder Krallen – und schien auf einmal mächtig zu frieren. „Kalt!“ rief er enttäuscht. „Ganz kalt!“

Lisa legte den Finger an die Nase. „Wenn er nicht liegt – ist er vielleicht herumgerannt?“

Vitzliputz fror. „Eiskalt. Gerannt ist er auch nit.“

„Herumgestanden?“

Vitzliputz schlotterte geradezu. „Furchtbar eiskalt.“

Nun wusste Lisa nicht weiter. „Wenn er nicht da liegt und wenn er nicht da steht und wenn er nicht herumläuft, dann weiß ich nicht, was er macht. Aber er ist doch da! Ich seh ihn ja. Auf dem Berg ist er. Und der andere, der den Berg hinaufgeklettert ist, hat ihn auch gesehen.“

„Ich helf dir“, rief Vietzliputz, wie zuvor und kraxelte noch einmal den steilen Hang hinauf. Etwas oberhalb vom Kopf des Eingewickelten richtete er sich auf, legte die Klaue an die Stirn und blickte über sich. Dann auf einmal fiel er um und lag, in der gleichen Haltung wie der Tubenmensch, neben diesem. „Mach's nach, Lisa!“

Lisa versuchte, auf dem Boden die Haltung des Eingewickelten anzunehmen. „Der liegt ja gar nicht“, stellte sie dann überrascht fest. „Der kniet. So wie ich gerade.“

„Wann tut einer knien?“ fragte Vitzliputz.

„Wart mal – in der Kirche. Aber wir sind ja auf einem Berg. Ich glaub, Vitzliputz, er hat etwas gesehen, und dann ist er auf die Knie gefallen. Weil es ihn umgehauen hat. Wie dich eben.“

„Der Mensch, der kniet,
weil er was sieht“, rief Vitzliputz. „Bravo, Lisa! Heiß!“

„Er sieht – den da oben!“ Lisa zeigte auf die andere Figur.

„Was heißt oben?“ schrie Vitzliputz.

„Na, über ihm.“ Lisa legte den Kopf in den Nacken und blickte über sich. „Ist der andere vielleicht in der Luft?“

„Heiß!“ schrie Vitzliputz begeistert. „Saumäßig heiß!“

„Aber warum ist der in die Luft gegangen? Weil er eine Wut gekriegt hat?“

„Kalt!“ schrie Vitzliputz. „Hat keine Wut nit gehabt. Weil einer wie er keine Wut kriegen darf.“

„Ich kenn niemand, der in der Luft herumfliegt und keine Wut hat“, erklärte Lisa. „Menschen fliegen nicht herum. Die nehmen das Flugzeug.“

Vitzliputz rollte die Augen. „Ganz heiß, Lisa“, rief er aufgeregt. „Gleich hast's!“

Und dann fiel Lisa ein, was Vitzliputz vorhin verraten hatte: Mensch ist nur einer, der andre ist keiner. „Wenn der kein Mensch ist, aber ein bisschen so aussieht, und wenn er in der Luft ist über dem andern, und wenn er fliegen kann – dann muss er sowas sein wie ET.“

Vitzliputz machte ein dummes Gesicht.

„Ein Außerirdischer“, erklärte Lisa. „Von einem anderen Planeten. Er ist mit einem UFO hergeflogen und – warum beißt du dir in den Schwanz, Vitzliputz?“

„Hihi! Hoho! Hergeflogen ist der schon, Lisa. Aber nit in einem UFO. Fliegen kann der selber.“

Lisa schlug sich an die Stirn. „Jetzt hab ich's: Das ist ein Engel.“

Vitzliputz machte drei Purzelbäume hintereinander: „Heiß!“ schrie er. „Heißer geht's nimmer, Lisa!“

„Aber er hat ja keine Flügel.“

„Braucht's die?“ schrie Vitzliputz. „Braucht's die Köpf und die Füß und die Händ und die Zehen? Hast es doch vorhin selber gesagt:

„Man sieht die Bein,
man sieht den Bauch,
und was nit da ist,
sieht man auch.“

„Stimmt“, sagte Lisa. „Eigentlich macht's gar nichts, wenn etwas fehlt. Ich merk trotzdem, was es sein soll. Wenn die Flügel dran wären, wär es viel leichter. So macht es mir mehr Spaß, das rauszukriegen. Aber was ist denn passiert mit dem Engel und mit dem Menschen?“

Der eben noch ganz muntere Vitzliputz riss plötzlich das Maul auf und gähnte. Dreimal.

„Weiß nit“, schrie er. „Hau Rucksack!“ Und schon saß er drin.

„Bin teuflisch müd. Von der Kraxelei. War saumäßig steil, der Berg. Und heiß war's da droben. Ich schlaf schon.“

Er schnarchte drauflos – wie Jockel neben ihm.

Dann frag ich halt unten an der Kasse, beschloss Lisa. Komisch, dass Vitzliputz nicht gestunken hat, wo er das doch so gern tut.

Aber der Mann wußte es auch nicht. Doch weil er Lisa schon so gut kannte, auch ihren Namen, sagte er, sie solle doch ihre Tante fragen, die sei Lehrerin. Und sein Sohn, der Uwe gehe zu ihr in den Unterricht.

„Hier ist dein Bild, ich schenk es dir."

Lisa machte einen Umweg über den Münsterplatz, wo sie Vitzliputz aus dem Rucksack kippte, und klingelte kurz darauf bei ihrer Tante.

„Ich war nämlich im Museum", erzählte sie. „Im neuen. Da hab ich was ganz Tolles gesehen. Es war wie ein Krimi. Aber ich hab alles rausgekriegt. Fast alles. Vitzliputz – äh – der Mann, an der Kasse hat gesagt, du weißt bestimmt, was das ist, und einen schönen Gruß, und sein Uwe geht zu dir in die Schule."

Sie hielt ihrer Tante die Kunstkarte vor die Nase.

Die betrachtete sie einen Augenblick, drehte sie um, las, was auf der Rückseite stand: „Paris, Stagmation nach Giotto, 1977." Dann holte sie ein dickes Buch vom Regal, blätterte darin herum, setzte sich zu Lisa an den Tisch und zeigte ihr ein seltsames Bild. „Merkst du was?" fragte die Tante.

Lisa schaute immer wieder vom Bild im Buch zu dem auf ihrer Karte. „Der aus dem Museum hat es ja nachgemacht“, stellte sie dann erstaunt fest. „Seine Menschentuben sind ein bisschen wie die Leute auf deinem Bild. Warum?“

„Das Bild hat ihm gefallen. Es ist sehr alt und von einem italienischen Maler, der heißt Giotto.“

„Ich find's auch schön“, sagte Lisa. „Wegen der Farben. Man sieht gleich, was passiert und muss nicht herumraten. Aber das hat mir gerade gefallen bei meinem Bild – nein, Ding.“ Sie deutete auf ihre Karte. „Schau, da steht etwas. Was ist Stag – oder wie das heißt?“

Ihre Tante lachte. „Der Mann, der das gemacht hat, hat ‚Stagmation‘ geschrieben. Richtig heißt es ‚Stigmatisation‘.“

„Ist ja auch ein furchtbar schwieriges Wort“, sagte Lisa verständnisvoll. „Neulich hab ich auch ‚rennen‘ falsch geschrieben. Mit ä.“

Dann betrachtete sie das alte Giotto-Bild genauer.

„Der Engel ist dem Mann erschienen, und der Mann hat ganz blutige Hände. Zwischen ihnen sind Strahlen. Warum?“

„Weil er von dem Engel die gleichen Wundmale bekommen hat wie Jesus am Kreuz. Und dazu sagt man ‚Stigmatisation‘.“

Lisa erschrak. „Warum hat er die gekriegt? Hat er was Böses getan?“

„Im Gegenteil. Weil er ganz fest und sehr oft an Jesus gedacht hat.“

Lisa beschloss, dann lieber doch nicht allzu oft an Jesus zu denken, wenn das solche Folgen hatte.

Aber ihre Tante beruhigte sie. „Keine Angst, Lisa. Das passiert ganz selten. Der Franz war ein Heiliger. Er hat Tiere sehr lieb gehabt und konnte mit ihnen reden. Das Bild von Meister Giotto hängt in Paris, in einem großen Museum, dem Louvre.“

„Und der Wolf, der noch draufsteht?“ wollte Lisa wissen.

Tante Carla wusste auch das. „Der hat es im Jahr 1977 nachgemacht. Er heißt nämlich ‚Wolf‘. Wenigstens halb.“

„Franz heißt er der Tubenmensch“, verkündete Lisa am nächsten Tag Vitzliputz. „Das ist der, der die Tiere gern hat und mit ihnen redet.“

Vitzliputz – er hockte wieder einmal auf seinem Lieblingsplatz, auf dem Kopf des heiligen Georg – nickte.

„Er hat einen Bruder gehabt, zu dem hat er ‚Bruder Esel‘ gesagt. Und eine riesengroße Familie, die größte auf der ganzen Welt.“

Lisa, auf dem Brunnenrand sitzend, staunte. „Tausend Onkel und Tanten und Schwestern und Brüder und so?“

„Viel mehr. Der Wind war auch sein Bruder“, rief Vitzliputz zu ihr hinunter. „Und der Mond und die Sonne waren seine Schwestern. Die Erde hat er seine Mutter genannt.“

„So sagen die Leute aber heut nicht mehr“, sagte Lisa.

„Man merkt's. Er hat die Erde liebgehabt, Lisa. Und alles, was drauf kreucht und fleucht und hüpft und krabbelt und rennt und singt und springt.“

Dann sprang er vom heiligen Georg auf Lisas Kopf.

Der fiel etwas ein. „Ich hab ja was vergessen, Vitzliputz. Wer warst du denn? Wo bist du hineingeschlupft?“

Der kratzte sich verlegen. „In den Franz. Hab aber noch nit gewusst, dass aus der Tub der Franz wird. Hab gedacht, was Grausliges, Schlimmes, Schreckliches. Und hab mich schon teuflisch gefreut. Dann war's auf einmal was Heiliges. Hab mich gar nit wohl gefühlt in der heiligen Tub. Bin wie der Blitz wieder hinausgefahren. Was lachst?“

„Ich lach, weil du mich mit dem Schwanz in der Nase gekitzelt hast. Und weil ich jetzt weiß, warum du es mir nicht selber gesagt hast, was da auf dem Berg passiert ist. Weil es was Frommes war. Und du bist nun mal ein Teufel.“

Vitzliputz verdrehte genierlich die Augen.

„Aber du bist ja auch schon mal in einen Engel gefahren“, sagte Lisa. „In Colmar. In dem Bild von dem grünen Maler, der im Wald wohnt.“

„Heißt Grünewald, Lisa. Auch Meister Mathis genannt. Möcht ja viel lieber in was Unheiliges fahren“, erklärte Vitzliputz. „Aber dann – hol's der Teufel! – packt's mich, und ich land fast immer in was Frommem. Hoppla!“

„Gerade bist du in den Geranien gelandet. Sieht toll aus, ein schwarzer Teufel in den roten Blumen.“

Lisa zeigte ihm die Karte.

„Und jetzt erklär ich dir was: Hinten auf der Karte steht, das sei ein Objektkasten. Kasten versteht man, und ein Objekt, sagt meine Tante, sei ein Ding. Dann ist das hier –“

„Ist ein Kasten mit einem Ding darin", rief Vitzliputz.

„Oder mit Dingen. Die sind aber viel einfacher als das, was auf dem gemalten Bild meiner Tante ist. Solche Tuben und Pappendeckel, wie sie hier im Kasten sind, schmeißt man sonst immer weg. Weil das ja Abfall ist."

„Aber zum Franz passt's. Der war ganz arm, Lisa. Kannst auch aus wenig Zeug was Schönes machen." Mit einem Satz landete er auf dem Brunnenrand, hängte seinen Schwanz im Wasser, zog ihn wieder heraus und schlenkerte ihn herum wie der Pfarrer in der Kirche den Weihwasserwedel.

„Ja", sagte Lisa, „mir gefällt es. Es ist auch schön. Nur anders schön."

Sie wischte sich die Tropfen vom Gesicht. „Ärmer schön. Warum klopfst du auf deinen Bauch?"

„Ist ein runder Kasten, ohne was drin", sagte der kläglich.

Lisa verstand. „Dann tun wir halt etwas hinein. Ein Objekt."

Vitzliputz entschied sich für das Objekt ‚Bauernfladen mit saurer Sahne und viel Speck'.

In Nullkommanix war sein runder Kasten angenehm gefüllt.

Im FÜNFUNDZWANZIGSTEN KAPITEL

gibt es zwei Teufel und ein mickriges Weckle.

Und damit Schluss!

Weil unten auf dem Platz zu viele Leute herumsaßen, herumliefen und sich dauernd anrempelten, waren Lisa und Vitzliputz wieder auf den Turm des Münsters geklettert. Lisa von innen über die Turmtreppe, Vitzliputz natürlich von außen, wobei er die Verzierungen an der Fassade, die steinernen Krabben und Türmchen, die Kreuzblumen und Erkerchen mit Affengeschwindigkeit hinaufkraxelte und, wie konnte es anders sein, vor ihr oben war.

Nun saßen sie, wie beim ersten Mal, auf der Plattform über der großen Uhr und schauten hinunter auf das Gewimmel.

„Wird dir gar nicht schwindlig, wenn du da hinaufkletterst?" fragte Lisa.

Er grinste und schüttelte den Kopf. „Ich schwindel gern, bin halt ein Teufel. Aber schwindlig wird mir nit. Bin wie der kleine Nick."

Und da Lisa noch nie vom kleinen Nick gehört hatte, erzählte Vitzliputz von ihm: „'S ist schon lang her, da war ein Steinmetzgesell aus der Münsterbauhütt, der ist jedes Jahr einmal außen am Münsterturm naufgekraxelt, hat den goldnen Stern geputzt auf der obersten Spitz und hat dann ein frommes Lied geblasen auf seiner Trompet, dass der Engel – der mit der Posaun – ganz neidisch gewesen ist. Bis er sich das Genick gebrochen hat."

Lisa sah schaudernd in die Höh. „Von so weit oben ist der gestürzt!"

„Hihi! Nit von da oben. Da ist er immer heil heruntergekommen. Sind ja bloß hundertsechzehn Meter. Ist die Trepp hinuntergefallen. In seinem Haus."

„Armer Nick!" sagte Lisa, und nach einer Weile, weil dem Nick sowieso nicht mehr zu helfen war und er seinen Absturz bestimmt längst verschmerzt hatte: „Dort hinten ist das neue Haus!"

Sie deutete hinüber zur Insel, wo das Museum für Neue Kunst stand. „Und da vorne der alte August."

Sie streckte die Hand aus und zählte an den Fingern ab. „Zehnmal waren wir im Museum, Vitzliputz. Fünfmal im alten und fünfmal im neuen. Und ich hab jetzt zehn Kartenbilder mit dir drauf, weil du da in jemand oder in etwas hineingefahren bist, aber das weiß keiner, nur du und ich."

Lisa sah ihn lieb an. „Immer, wenn ich die Bilder anschau, denk ich an dich."

Vitzliputz guckte lieb zurück. „Ich denk auch immer an mich", sagte er bescheiden und sehr gerührt.

„Aber als ein richtiger Teufel, so wie du aussiehst, bist du am allerallerallerschönsten", fand Lisa. „Der schönste Teufel, den ich kenn, bist du."

Vitzliputz fand das auch.

Lisa gruschtelte in ihrem Rucksack. „Augen zu!" rief sie. „Und nicht spicken!"

Vitzliputz kniff sein rechtes Auge fest zusammen; mit dem linken blinzelte er ein bisschen und sah, dass Lisa eine Papierrolle herauszog mit einem Gummi drum herum.

„Du spickelst!" rief sie vorwurfsvoll. „Umdrehn!"

Er zeigte ihr den Hintern. Sein Schwanz zitterte vor Neugier.

Lisa wartete noch ein bisschen, damit es spannender war. Dann rief sie: „Augen auf!"

Vitzliputz fuhr herum und starrte auf das Bild in ihrer Hand. Er kniff sie wieder zu – und wieder auf – er rieb sie –

„Na?“ fragte Lisa erwartungsvoll. „Du sagst ja gar nichts. Kennst du den, Vitzliputz?“

„Das ist – das ist – der alleralleraller schönste Teufel auf der Welt!“ schrie er und machte einen Luftsprung.

„Gefällt dir das Bild?“ fragte Lisa.

„Saumäßig!“

„Na hör mal!“

„Saumäßig schön!“ Er war ganz aufgeregt. „Am schönsten sind die Hörner! Und der Schwanz! Und mein schwarzes Fell. Und meine Nas! Und mein Maul! Und meine spitzigen Krallen! Und mein Huf! Alles an mir ist am allerschönsten. Gleich platz ich vor Freud.“

Aber statt zu platzen biss er sich lieber in den Schwanz. „Au!"

„Ich hab auch furchtbar lang gebraucht", sagte Lisa. „Fast eine Stunde. Jetzt hab ich kein Rot mehr im Farbkasten, und auch das Schwarz ist alle. Weil ein Teil von der Farbe auf dem Bild da ist, der andere Teil war auf meinen Fingern und im Gesicht und auf der Hose. He, was machst du denn?"

Vitzliputz hatte es nicht mehr aushalten können. Er hatte sich das Bild geschnappt und war wie der Blitz die Brüstung hinuntergeturnt.

Nun hockte er auf dem Kopf eines Wasserspeiers, deutete auf sich und hielt dem Kerl sein Bild vor die Nase. Der stierte es an und rülpste voll Anerkennung. Vitzliputz kraxelte wieder hinauf und war auch schon bei einem der Propheten.

„Derselb bin ich", sagte er stolz. „Gell, da glotzescht!"

Der Prophet guckte – glotzen wäre unter seiner Würde gewesen – äußerst griesgrämig, er konnte nun mal nicht anders.

Dann musste der König David weiter unten sein Harfenspiel unterbrechen und das Bild bewundern. Weil er viel von Kunst verstand, bewunderte er es ausgiebig und königlich.

Der Posaunenengel, der es als nächster zu sehen bekam, blies voll Anerkennung einen kräftigen Tusch für Lisa. Und der heilige Sebastian, der an einem Strebepfeiler des Westturms sein Plätzchen hatte, lächelte freundlich.

Einmal, weil er den gemalten Vitzliputz großartig fand, aber auch, weil es ihm viel besser gefiel, dass er hier oben als tapferer Ritter stehen durfte, mit Schwert und Schild, und nicht, wie meist, an einen Pfahl gebunden und von Pfeilen durchbohrt. Was ja auch nicht gerade das Wahre ist.

Alle bekamen das teuflische Bild zu sehen. Sogar die klugen Jungfrauen unten in der Turmvorhalle klimperten hingerissen mit den Wimpern, während die törichten den Mund zusammenkniffen und wegguckten. Vitzliputz hatte sie zu oft geärgert, wenn er ihnen im Vorbeisausen den blanken Hintern zeigte.

Dann saß er wieder bei Lisa. „Ich hab noch was“, sagte die, holte ein Laugenweckle aus dem Rucksack und wollte es gerade in zwei Hälften teilen – dir eins, mir eins – da machte Vitzliputz ‚happ!‘ – und Lisa schaute in den Mond.

Vitzliputz grinste verlegen. „Ist arg klein gewesen. Vor ein paar hundert Jahren wär's dem Bäcker übel ergangen.“

Weil Lisa nicht wusste, was er meinte, erklärte Vitzliputz: „Einer, der auf der ‚Großen Gass‘, heut heißt's Kaiser-Joseph-Straß, seine Sachen verkauft und falsch gewogen oder gemessen hat, der musste vors Marktgericht, drunten in der Vorhall unterm Turm, wo mein Platz ist und die Jungfrauen sind und die kleine Hex. Vor sich über der großen Tür hat ers Jüngste Gericht gesehen aus Stein, und der Magen hat sich ihm umgedreht bei dem, was er da sehen hat können.“

„Was? Da ist auch eins? Gleich morgen schau ich's mir an“, rief Lisa. „Was hat der denn gesehen?“

„Lustige Sachen“, sagte Vitzliputz vergnügt, „die kennst schon vom Bild aus dem alten August. Ein wild gähnender Höllenrachen, der die Bösen verschlingt und alle, die ihr Sach verkauft und sich nit an die Maß gehalten haben oder nit ehrlich gewesen sind und zur falschen Zeit zu kleine Brötchen gebacken haben.“

Das mit den kleinen Brötchen verstand Lisa aber wieder nicht, weshalb Vitzliputz weiter erzählte: „Nur einmal war's erlaubt, bei der Missernt und Hungersnot, vor achthundert Jahr. Weil's wenig zum Fressen gab, durften die Bäcker kleinere Brotlaib backen. Das Maß dafür ist untem am Turm in den Stein gekratzt. In den Pfeiler auf der linken Seit. Jeder musste sich dran halten. Kannst's heut noch sehn. Gab's Korn genug, gab's größere Wecken.“

„Was du alles weißt“, sagte Lisa voll Bewunderung. „Viel mehr als der gescheite Herr Archibald.“

„Hast recht“, sagte Vitzliputz überzeugt. „Aristoteles hat der geheißen. Und mir tanzt kein Weibsbild auf der Nas herum, wie dem.“

„Nur die kleine Hex“, sagte Lisa. „Und das mit den zu kleinen Weckle muss ich Mutti sagen, damit sie an Weihnachten größere Springerle backt.“

Dann hockten sie still nebeneinander und schauten sich an.

„Weißt, wie du grad guckst, Lisa?“ fragte Vitzliputz seine Freundin. „Wie wenn dir eine Laus übers Leberle gelaufen wär.“

„Du guckst aber gar nicht so“, sagte Lisa. „Weil du bestimmt gerade an saure Leberle mit Bratkartoffeln gedacht hast.“

Vitzliputz machte die Augen zu und schmatzte genüsslich.

„Morgen fahren wir fort“, sagte Lisa. „Weil ich ja noch drei Wochen Ferien hab. Ich freu mich, aber ich bin auch ein bisschen traurig. Wir fahren nach Frankreich. Mit dem Wohnwagen. Und du? Kriegst du nie Ferien?“

„Brauch ich nit“, sagte Vitzliputz. „Ich bleib hier. Schön ist's im Dreiecksland. Da lässt sich's leben wie sonst nirgendwo. Viel Pfarrkirchen gibt's, Kapellen und Münster zwischen Basel, Freiburg und Straßburg. Dazu Wiesen und Äcker, Weiher, ebene Bühel, schöne Wasserflüss und Wälder und sonnige Weinberg. Wir alemannischen Engel und Teufel sind ein bodenständigs Volk. Wir treiben viel Kurzweil, Mordsgaudium und Narretei. 'S gibt noch viel zu tun für einen Teufel wie mich. Man kommt fast nit rum.“

„Und dann fängt die Schule wieder an“, sagte Lisa. „Und ich kann nicht mehr mit dir in den alten August gehen und ins Neue Haus.“

Vitzliputz tröstete sie. „Macht nix, Lisa. Jetzt hast Ferien von der Schul und von den Bildern auch und dem ganzen Kunstzeug. Hast viel gesehen: Bilder und solche Figuren, die sehen aus, wie man's kennt. Wie ein Mensch oder ein Esel und ein Löw. Genau so.“

„Ja“, sagte Lisa. „Und andere. Bilder und Sachen, mit Farben drauf, wenn man die sieht, denkt man an etwas, obwohl das, woran man denkt, gar nicht drauf ist: das Meer oder Wolken oder Bäume oder Vögel oder Menschen oder Engel.“

„Hast auch Bilder gesehn, bloß mit Farben drauf, da denkst an gar nix. Bloß an die Farb.“

Und weil es so schön gewesen war, riefen sie sich nun gegenseitig zu, was sie von den Bildern oder Figuren, die sie gesehen hatten, noch wussten. Wer etwas sagte, der tippte dem andern auf den Bauch.

Lisa fing an: „Einen Adam hab ich gesehen. Mit einem ganz runden Hintern.“

Dann Vitzliputz: „Und eine Eva. Haben einen Apfel gefressn."

Dann wieder Lisa: „Einen schönen Löwen im Paradies."

Und Vitzliputz: „Einen jungen Fant, ganz blass um die Nas."

Lisa: „Eine grüne Zipfelmütz."

Vitzliputz: „Mit glitzrigen Sternlein drauf."

Lisa: „Die Bärbel mit den Sommersprossen auf der Nas."

Vitzliputz, grinsend: „Die hast nit können sehen, Lisa. Aber die hat das Bild gesehen, vom Grünling."

„Ach so, ja."

Dann ging alles durcheinander:

„Ein nackiger Kaiser mit einer Kron."

„Ein blauer Vogel."

„Ein gelehrter Gaul."

„Ein Esel mit Rollschuh."

„Ein Dichter, der einen Korb gekriegt hat."

„Ein Engel aus der Tub."

„Ein Schweizer Haus mit Rutschbahn."

„Ein heiliger Franz ohne Kopf."

„Ein Flickltepich, so bunt wie ein bunter Hund."

„Ein Petrus mit einem gewaltigen Schlüssel."

„Ein Apfel, der kein richtiger Apfel ist, sondern ein Sym."

„Ein Einhorn mit einem Horn. Nit hinten, sondern vorn."

„Eine schöne bunte Kuh."

„Ein Bobbele und eine Bratwurst. Eine Knusperbrezel. Schupfnudeln und Sauerkraut. Bärendreck. Schnell ist er weg."

„Aber Vitzliputz", sagte Lisa. „Das war doch keine Kunst. Das war was zum Essen. Du schmeißt ja alles durcheinander!"

Vitzliputz grinste verlegen. „Eine feine Brezel machen ist auch eine Kunst."

„Stimmt!" sagte Lisa und fuhr fort: „Ein schiefer Baum mit Blättern im Herbst."

Dann Vitzliputz: „Eine saubere Jungfrau."

Dann wieder Lisa: „Ein Schwarz in einem roten Kreis, das schläft."

Und Vitzliputz: „Die Phyllis, die auf ihrem Lehrer reitet."

Und Lisa: „Eine eckige ehrfürchterliche Dame ohne Faxen."

„Die war nit im Bild", sagte Vitzliputz. „Die läuft so herum."

Dann fiel ihnen nichts mehr ein. Und sie konnten auch nicht mehr, weil ihnen die Puste ausgegangen war und weil in ihren Bäuchen eine Delle war von der Stupserei.

Vitzliputz sagte: „Kriegst mal wieder Lust, gehst wieder hin. Kennst dich ja schon gut aus. 'S gibt noch viel zu sehn. Guck's an!"

„Was denn noch?" fragte Lisa neugierig.

„Kannst dir schöne Fenster aus Glas anschauen im alten August. Oder ein Bild von Meister Grünewald, der hat ein Wunder im Schnee gemalt. Kannst auch einen andern Teppich sehn, mit wilden Leuten drauf. Oder einen mit schönen Drachen und Vögeln, die den Schnabel nit halten und immer schwätzen."

„Papageien", sagte Lisa. „Was noch?"

„Kannst noch einen Grünspecht besuchen im neuen Haus. Der schaut aber ganz anders aus. Kannst dort auch den Mann sehen, um den sich Schlangen rumwickeln. Und einen andern Adam, eine andere Eva. Einen Haufen Zeug kannst sehen."

Dann sagte Lisa: „Die alten Bilder sind anders als die neuen. Auf den alten ist fast immer was aus der Bibel. Bei den neuen fast gar nicht."

Vitzliputz wusste natürlich, warum: „Früher waren die Leut halt frömmer. Haben geglaubt, was in der Bibel steht, und die Geschichten fast alle gekannt."

„Obwohl viele nicht haben lesen können", sagte Lisa. „Sie sind um die Kirche herumgelaufen und haben die Figuren angeschaut, die überall waren. Dann haben sie gewusst, was ihnen blüht. Vati hat ja keine Ahnung. Ich hab ihn mal gefragt, warum ein Mann an einer Säule ein großes Schwert in der Hand hält. Da hat er sich am Kopf gekratzt und gesagt, der war ein berühmter Held und hat sieben auf einen Streich erschlagen. Aber meine Oma meint, der Mann heißt Paulus, und dass die Leute ihm den Kopf abgehauen haben, und dann war er heilig."

„Musst nur die richtigen Leut fragen", erklärte Vitzliputz wichtig und klopfte sich auf die Brust. „Solche mit Hörnern und Schwanz. Die kennen sich am besten aus in den heiligen Geschichten."

„Und ich hab gedacht, wenn man heilig ist, ist das ja ganz nett, und man kriegt zur Belohnung einen Heiligenschein. Aber bis man heilig ist, muss man sich viel gefallen lassen. Ich glaub, ich werd mal lieber nicht heilig, später."

Vitzliputz war auch dagegen.

Dann sahen sie den Tauben zu, wie sie um den Turm herumflogen, sich auf die Propheten setzten und sie bekleckerten.

Jetzt weiß ich, warum die so sauer gucken, dachte Lisa. Nicht weil sie sehen, dass alles schlecht ausgeht. Es ist wegen dem Taubenschiss.

Vitzliputz betrachtete immer wieder sein gemaltes Ebenbild. Er konnte sich gar nicht dran sattsehen. „Jetzt gibt's zwei Vitzlipützer", sagte er stolz. „Einen aus Stein, über der großen Tür, in dem hock ich oft drinnen, wenn ich grad nix andres zu tun hab, und den hier auf dem Bild."

„Drei sind's", sagte Lisa. „Ich hab nämlich zwei Bilder von dir gemalt. Das andere hängt bei mir überm Bett. Damit ich dich immer seh. Kannst du da nicht manchmal vielleicht ein kleines bisschen hineinfahren?" bat sie. „Weil ich bestimmt furchtbar Heimweh krieg nach dir." Ihre Augen waren auf einmal ganz feucht und sehr traurig.

Vitzliputz hielt ihr seinen Schwanzwedel hin, zum Tränenabwischen und zum Naseputzen, und versprach es. Hoch und – nein, nicht heilig, aber bei den Hörnern des Oberteufels, der das Kommando über all die Teufel, Wasserspeier, die dämonischen und höllenfratzigen Gestalten hat, die im und ums Freiburger Münster herum ihr Wesen treiben. „Wenn ich zufällig mal bei dir vorbeikomm. Hab immer saumäßig viel herumzuteufeln."

„Aber so, dass ich's merk, dass du drin bist."

„Ich häng dir die Zung raus, Lisa. Ganz bestimmt. Guck, so!" Er zeigte eine knallrote spitze Zunge.

„Fein!“ Lisa war gerührt. „Du kannst mir auch eine lange Nase drehn“, schlug sie vor.

„Mach ich. Eine ganz lange Nas. Mit Rotz?“

„Klar“, sagte Lisa.

„Also eine ganz lange Rotznas.“

„Oder mit den Ohren wackeln.“

„Mit dem rechts oder dem links?“

„Mit soviel Ohren, wie du hast.“

Vitzliputz versprach nachzuzählen. Und mit jedem Auge in eine andere Richtung zu schielen. Und sich mit dem rechten Huf hinterm linken Ohr zu kratzen. Im Kopfstand. Und mit einem Knoten im Schwanz.

„Du kannst auch stinken“, erlaubte Lisa großzügig.

Vitzliputz strahlte. „Ich mach einen riesengroßen, ganz langen Gestank“, versprach er. „Einen Extragestank. Nur für dich.“

„Oder sonstwas Schönes halt“, bat Lisa.

„Einen saumäßigen Mordskrach könnt ich auch machen“, schlug Vitzliputz vor. „Dir zulieb.“

„Was für einen Krach denn?“ fragte Lisa.

Er richtete sich stolz auf:

„Kann jaulen und maulen
kann scheppern und
was zerdeppern,
kann zischen und murren,
kann grunzen und knurren,
und kreischen und stöhnen
und heulen und schnattern
und gieksen und quietschen
und rattern und knattern
und wurgsen und krächzen
und teuflisch ächzen
und jammern und rülpsen
und brüllen und schrein
wie am Spieß und …“

„Das reicht erst mal“, fand Lisa. „Da freu ich mich schon drauf.“

„Ich mich auch.“

„Heulst du wieder, wenn du in den Steinteufel fährst, über der Tür zum Münster?“

„Und wie!“ sagte Vitzliputz. „Wenn mir wieder so ein Mensch durch die Lappen geht. Ab und zu muss man heulen. Das putzt einem die Seel richtig durch.“

„Hast du auch eine Seele, Vitzliputz? Ich hab geglaubt, nur ein Mensch ist seelig.“

„Und was für eine. Eine Teufelsseel.“

„Muss die auch auf dem Michael seine Waage?“

Er nickte vergnügt. „Aber 's ist ein Mordsspaß. Wenn der grad wegguckt oder nit da ist, weil er aufpassen muss, dass keiner sich ins Paradies schleicht, hupfen wir Teufel auf die Waag und die Engel auch. Wir schaukeln nauf und nunter und haben unsere Gaudi dran.“ Vitzliputz spitzte die Ohren.

„Was ist?“

„Hosanna. Gleich ist's elf. Gleich geht's los.“

„Dann mach ich lieber, dass ich fortkomm“, sagte Lisa. „Wenn die Hosanna läutet, wackelt das Münster, da krieg ich Angst, es fällt um.“ Sie drückte Vitzliputz einen Kuss auf die Backe.

„Der bleibt bis in die Ewigkeit da drauf“, schniefte er gerührt.

„Du wäschst dich doch sowieso nicht“, sagte Lisa.

„Aber jetzt erst recht nit. Und einen schönen Gruß an Jockel, den Mockel!“ rief Vitzliputz, schon wieder grinsend.

Als Lisa unten stand und noch einmal hinaufwinkte, sah sie Vitzliputz auf einem Glockenton durch die Luft reiten – und hin – und her – und nauf – und nunter – sie hörte ihn jauchzen und krähen vor Vergnügen.

Dann rannte Lisa zum Pfeiler unten am Turm und fand nach einigem Suchen tatsächlich die eingekratzten Brötchen.

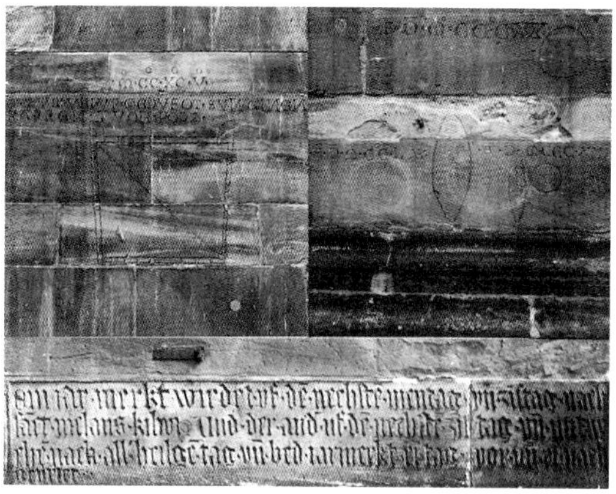

Schließlich schaute sie schnell noch bei ihren wasserspuckenden Freunden vorbei.

„Hab ich früher alles nicht gewusst", sagte sie zu einem der wüsten Kerle. „Wie es war mit den Weckle und mit der Hosanna und dem kleinen Nick und den Jungfrauen und dem Rollschuhesel. Und du?"

„Klugscheißer!" schrie der vergnügt hinunter. Das ließ den nebendran und den obendran nicht ruhen. Und schon ging's wieder los, diesmal zu dritt:

„Schandmaul!" „Besserwisser!" „Lügenbold!

„Giftspritz!" „Eselskopf!" „Lumpenseckl!"

„Schmerbauch!" „Stinkratz!" „Affenschwanz!"

„Brüllaff!" „Mistkerl!" „Scheißhaus!"

„Rabenaas!" „Fettwanst!" „Luderjahn!"

„Grunzgosch!" „Dreckschleuder!" „Saubär!"

Lisa hatte entzückt zugehört. Dann war einen Augenblick lang Ruh, weil den Steinkerlen die Wörter ausgingen. Und in der Schimpfpause meldete sich plötzlich jemand anderer: ihr Magen. Der hatte ja auch kein Laugenweckle bekommen, und nun knurrte er so, dass sie schnell in die nächste Bäckerei lief.

„Das ist aber mickrig, das Weckle“, sagte sie vorwurfsvoll zur Verkäuferin. „Wie damals bei der Hungersnot.“

„Hungersnot?“ fragte die erstaunt.

„Ja. Vor siebenhundert Jahren.“

Die Frau lachte. „So alt bist du schon? Hätt ich gar nicht gedacht.“

„Ich bin schon fast neun“, sagte Lisa. „Aber das mit der Hungersnot stimmt. Da können Sie die klugen und die törichten Jungfrauen fragen und am Münster nachgucken, an dem Pfeiler vom Turm ganz links vorne unten. Da sind nämlich die Weckle eingekratzt. Wenn so ein Weckle zu klein gewesen ist, oder es waren zu wenig Rosinen drin oder zu wenig Salz auf der Brezel oder zu wenig Mus in den Berlinern oder zu wenig Schokolade in den Hörnchen, hat der Teufel den Bäcker geholt.“

„Ich glaub nicht an den Teufel“, sagte die Frau und schenkte Lisa schnell noch eine besonders gut geratene Schneckennudel.

Man kann ja nie wissen.

Zu den Kunstwerken

Vitzliputz zeigt Lisa Kunstwerke aus alter und neuer Zeit, in die er schon einmal hineingefahren ist:

Im Augustinermuseum

1. Das Tafelbild: „Das Jüngste Gericht". Es stammt aus der Zeit um 1500 aus einer Ulmer Werkstatt (Kapitel 6)
2. Die Holzplastik „Das Paradies". Der Meister H.L. hat sie um 1520 herum geschnitzt (Kapitel 10)
3. Den hölzernen Palmesel eines unbekannten Meisters aus dem 14. Jahrhundert (Kapitel 14)
4. Ein „Jünglingsporträt". Ein oberrheinischer Meister hat es um 1490 herum gemalt (Kapitel 18)
5. Den Malterer-Teppich „Weiberlisten" aus dem 14. Jahhundert (Kapitel 22)

Im Haus für Neue Kunst

1. Das Bild „See-Vogel" hat Johannes Dörflinger zwischen 1987–89 mit Ölfarben auf Leinwand gemalt (Kapitel 8)
2. Die Plastik aus Holz, Pappe und Papiermaché „Schweizer Haus" von Barbara Westermann entstand 1987 (Kapitel 12)
3. Das Bild „Beda Mai 59" malte Julius Bissier im Jahr 1959 mit Eiöl-Temperafarben auf Leinwand (Kapitel 16)
4. Die Komposition „Berge und Stadt", ein Pastell auf Papier von Adolf Hölzel, entstand 1925 (Kapitel 20)
5. Den Objektkasten von Jürgen Brodwolf „Paris Stagmation nach Giotto", entstanden 1977 (Kapitel 24)

Diese Kunstwerke kann man nicht immer alle sehen. Es gibt oft Sonderausstellungen, für die die Museumsleute viel Platz brauchen. Dann werden die Bilder und Figuren, die nicht zur Sonderausstellung gehören, weggehängt oder weggestellt. Nach einiger Zeit kann man sie dann wieder besuchen. Aber das macht nichts, man kann ja sowieso nie alle Werke auf einmal anschauen.

Zu den Kunstwerken

Vitzliputz zeigt Lisa Kunstwerke aus alter und neuer Zeit, in die er schon einmal hineingefahren ist:

Im Augustinermuseum

1. Das Tafelbild: „Das Jüngste Gericht". Es stammt aus der Zeit um 1500 aus einer Ulmer Werkstatt (Kapitel 6)
2. Die Holzplastik „Das Paradies". Der Meister H.L. hat sie um 1520 herum geschnitzt (Kapitel 10)
3. Den hölzernen Palmesel eines unbekannten Meisters aus dem 14. Jahrhundert (Kapitel 14)
4. Ein „Jünglingsporträt". Ein oberrheinischer Meister hat es um 1490 herum gemalt (Kapitel 18)
5. Den Malterer-Teppich „Weiberlisten" aus dem 14. Jahhundert (Kapitel 22)

Im Haus für Neue Kunst

1. Das Bild „See-Vogel" hat Johannes Dörflinger zwischen 1987–89 mit Ölfarben auf Leinwand gemalt (Kapitel 8)
2. Die Plastik aus Holz, Pappe und Papiermaché „Schweizer Haus" von Barbara Westermann entstand 1987 (Kapitel 12)
3. Das Bild „Beda Mai 59" malte Julius Bissier im Jahr 1959 mit Eiöl-Temperafarben auf Leinwand (Kapitel 16)
4. Die Komposition „Berge und Stadt", ein Pastell auf Papier von Adolf Hölzel, entstand 1925 (Kapitel 20)
5. Den Objektkasten von Jürgen Brodwolf „Paris Stagmation nach Giotto", entstanden 1977 (Kapitel 24)

Diese Kunstwerke kann man nicht immer alle sehen. Es gibt oft Sonderausstellungen, für die die Museumsleute viel Platz brauchen. Dann werden die Bilder und Figuren, die nicht zur Sonderausstellung gehören, weggehängt oder weggestellt. Nach einiger Zeit kann man sie dann wieder besuchen. Aber das macht nichts, man kann ja sowieso nie alle Werke auf einmal anschauen.